中国儿童青少年
营养与健康指导指南 **2025**

U0690885

营养加运动
身心更健康

中国学生营养与健康促进会　编著

中国农业出版社

北　京

中国学生营养与健康促进会

中国学生营养与健康促进会（以下简称"学促会"），1989年1月15日成立于北京中南海怀仁堂，是由从事学生营养与健康事业的企事业单位、社会团体和个人自愿结成的全国性的专业性、非营利性社团组织，由创始人于若木先生同一批营养专家和社会志士仁人，秉持促进中国学生营养与健康的使命，积极倡导和发起，在卫生部、国家教育委员会支持下，经民政部批准，卫生部以〔88〕卫防字第59号文件批准成立了"中国学生营养促进会"。2003年8月21日，经卫生部审核，民政部批准，更名为中国学生营养与健康促进会。学促会接受国家卫生健康委员会、教育部、国家体育总局和社团登记管理单位民政部的业务指导和监督。

学促会成立以来，在政府领导下，在相关部委和地方政府的支持下，在各级学生营养与健康组织和卫生、教育、体育工作者以及社会各界的共同努力下，因地制宜，广泛开展形式多样的宣传教育活动及学术交流活动，积极推动全国学生营养与健康事业的发展，已经形成了三大常规工作：

1."5·20"中国学生营养日

1990年在人民大会堂举办"首届中国学生营养日"大会。2001年卫生部、教育部联合发文将每年5月20日确定为"中国学生营养日"。学促会以"5·20"中国学生营养日为契机和切入点，结合国家领导人对儿童青少年营养健康工作的系列指示和文件精神，每年统一宣传主题，在全国广泛深入开展宣传教育活动，引导各地方开展主题相同、形式多样的宣教活动，迄今已举办了30余次活动。

2.《中国儿童青少年营养与健康指导指南》

自2006年开始，学促会组织专家对儿童青少年的营养与健康状况进行分析，每年编写一册《中国儿童青少年营养与健康报告》，广泛传播有关科研成果、营养健康科普知识，引导儿童青少年形成健康生活方式。2020 年更名为《中国儿童青少年营养与健康指导指南》，至今已编著 20 册。

3．"营养与健康学校"建设工作

2019 年，受国家卫生健康委委托，学促会牵头制定《营养与健康学校建设指南》。2021 年 6 月，国家卫生健康委、教育部、市场总局、体育总局联合发布《营养与健康学校建设指南》。指南发布后，受国家卫生健康委委托，学促会在试点的营养与健康学校开展工作。

以上三项工作均已纳入国民营养计划每年的重点工作中。

近年来，在大力开展社会公益宣传活动的同时，学促会还积极与政府部门和企事业单位进行沟通合作，开展学生营养与健康科研项目和相关标准的研制工作，成立了学生营养科研基金，积极推动学生营养健康工作发展，促进学生青少年的健康水平。

目前，促进会有会员 1700 余名，既有单位会员，也有个人会员，分布在全国的科研、教育、疾控、卫监、体育、医疗系统和相关企业。为更好地做好学生营养健康知识的宣传与普及工作，不断扩大社会影响力，学促会于 2007 年开通了官方网站（www.casnhp.org.cn），并于 2017 年开通了微信公众号（中国学生健康）。

编写委员会

主　编

洪　平	北京体育大学
陈永祥	中国学生营养与健康促进会
李雪梅	北京体育大学

副主编

张一民	北京体育大学
孙婷婷	北京体育大学
李　雪	成都体育学院
于　洁	浙江大学

编　委（按姓氏笔画排序）

王富鸿	巢湖学院	张　倩	中国疾病预防控制中心营养与健康所
孔振兴	北京体育大学	张国礼	北京体育大学
代　港	中国学生营养与健康促进会	周　誉	中国教育科学研究院
冯俊鹏	北京体育大学	侯　筱	北京体育大学
杨　博	中国学生营养与健康促进会	胡国鹏	华侨大学

参编人员（按姓氏笔画排序）

王　榕	北京体育大学	金庭瑶	巢湖学院
牛晓莹	成都体育学院	郑益坤	华侨大学
史雨轩	北京体育大学	黄官健考	北京体育大学
江文美	巢湖学院	杨乐乐	巢湖学院
李博文	浙江大学	彭海云	北京体育大学
张凯旋	北京体育大学	颜　蓉	北京体育大学
沈豪迪	北京体育大学		

前　言

　　儿童青少年是国家的未来和希望。他们的健康成长不仅关系到个人发展，也关系到整个社会的进步。然而，随着生活水平的提高和生活方式的变化，儿童青少年营养过剩与营养不良、运动不足等问题日益突出。学促会组织相关专家编写本书，旨在为广大儿童青少年及其家长、教育工作者提供一份专业的健康指导，帮助儿童青少年建立正确的健康观念，养成良好的生活习惯。

　　在本书中，我们不仅介绍儿童青少年生长发育的基本规律和运动促进生长发育的规律，而且还介绍运动对儿童青少年身心健康的重要性，以及如何选择合适的运动项目和锻炼强度，并强调家庭与学校在儿童青少年健康发展中的重要作用。

　　我们深知，儿童青少年时期形成的健康习惯将对他们的一生产生深远影响。因此，本书不仅关注儿童青少年的身体健康，也关注他们的心理健康，力求全方位地促进儿童青少年全面发展。我们希望通过这本书，激发儿童青少年对健康生活的热爱，引导他们主动关注自身的营养和运动，培养良好的生活习惯。同时，我们也期待家长们和教育工作者能够从中获得有益的指导，共同为儿童青少年的健康成长创造一个良好的环境。

　　让我们携手努力，为儿童青少年的身心健康保驾护航，让他们在阳光下茁壮成长，为实现中华民族伟大复兴的中国梦贡献自己的力量！衷心祝愿每一位儿童青少年都能拥有一个健康、快乐、充满活力的未来！

编　者

2025 年 4 月

历年中国儿童青少年营养与健康指导指南

- 2006 年　中国学龄儿童少年营养与健康状况调查报告
- 2007 年　中国不同家庭收入学龄儿童少年营养与健康状况报告
- 2008 年　关注西部地区儿童营养与健康　促进社会和谐发展
- 2009 年　专注儿童肥胖　远离慢性疾病
- 2010 年　适时营养干预　弥合健康差距
- 2011 年　培养健康饮食行为　促进儿童健康成长
- 2012 年　改善农村学生营养　共同托起民族未来
- 2013 年　加强学校食堂建设　打破营养改善瓶颈
- 2014 年　倡导学生食育　圆梦中国少年
- 2015 年　树立健康理念　促进均衡发展
- 2016 年　健康快乐行——健康生活方式之饮食与运动：52110
- 2017 年　关心校园餐　营养助健康
- 2018 年　青少年身体活动与骨骼健康
- 2019 年　新时期学龄前儿童健康需求与发展
- 2020 年　健康生活　科学防病——儿童青少年健康指导手册
- 2021 年　儿童营养　教育先行
- 2022 年　中国儿童青少年膳食营养摄入与超重肥胖状况
- 2023 年　优化学校供餐　呵护儿童成长
- 2024 年　儿童青少年近视行为和环境风险因素预防
- 2025 年　营养加运动　身心更健康

目录 cont

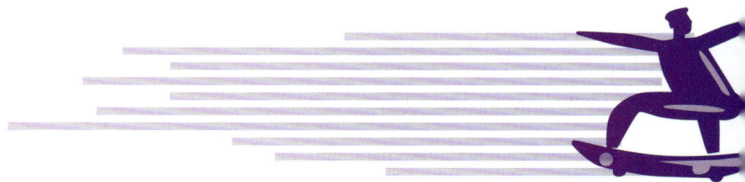

第一章

儿童青少年身心健康的重要性

当前儿童青少年身心健康的现况

（一）全球儿童青少年身心健康现况

世界卫生组织（WHO）对健康的定义是：健康不仅仅是没有疾病和身体不虚弱，而是一种在身体、心理和社会适应能力方面的完好状态。这个定义明确指出了健康包括身体健康、心理健康和社会适应能力良好三个主要方面，身心健康成为健康的核心指标。

随着全球社会经济的快速发展，全球各国在改善儿童青少年的生存和健康方面取得了巨大进展，但是全球范围内儿童青少年也面临饮食和锻炼模式有待改善、身体活动不足、超重和肥胖快速增多、近视高发和低龄化、心理危机风险加剧、影响范围扩大等一系列问题。

1. 身体健康现况

体质健康测试作为反映儿童青少年生长发育和健康状况的手段已经实施了半个多世纪，除中国有《国家学生体质健康标准》外，其他国家和地区也在使用这个指标来评测儿童青少年的生长发育情况，如美国的 FITNESS GRAM、欧洲的青少年体力活动和体质水平测试（Assessing the Levels of Physical Activity and Fitness，ALPHA-FIT）、日本的体力测定（Physical Fitness and Athletic Ability Test）等。

体质健康测试不仅通过监测儿童青少年个体身体健康状况，促进其养成终身体力活动的习惯，还为各国的政府、教育部门、卫生机构和体育组织制定促进儿童青少年群体健康、提高体力活动参与度方面的政策、计划提供了重要依据，成为儿童青少年健康促进的重要手段和实施路径。

自 1985 年起，我国便开始实施国家学生体质与健康调研制度，至今已进行了 8 次调研，时间跨度长达 40 年。教育部在全国范围内的各级各类学校推广《国家学生体质健康标准》测试，每年收集并上报超过 2 亿人次的儿童青少年体质健康测试数据，这些数据成为掌握我国儿童青少年体质健康状况的关键依据。

统计结果显示，近年来我国儿童青少年体质健康状况整体向好发展，体质健康的达标率和优良率持续上升，但身体素质指标不容乐观，只有柔韧、协调、灵敏素质有所改善，耐力、力量和速度素质均呈下降趋势（图 1-1 至图 1-3）。

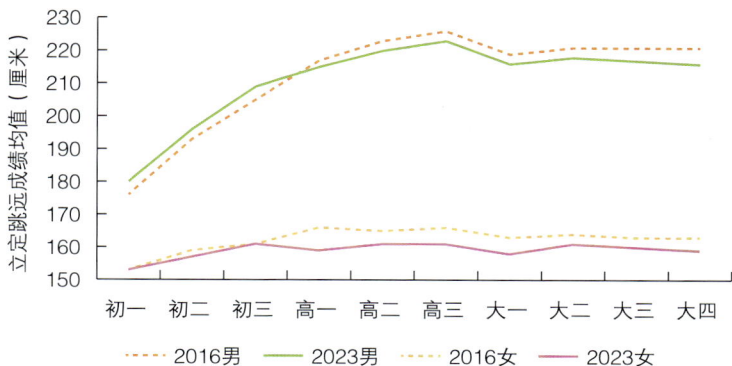

▲ 图 1-1　2016 年与 2023 年中国学生立定跳远成绩均值

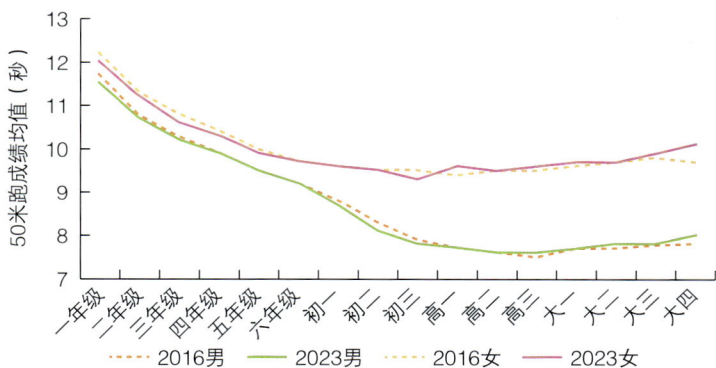

▲ 图 1-2　2016 年与 2023 年中国学生 50 米跑成绩均值

▲ 图 1-3　2016 年与 2023 年中国学生 800（女）／1000（男）米跑成绩均值

男生中存在"阳气"不足的情况，"跑不快""跑不远""身量高但力弱"现象并不少见，而"小眼镜""小胖墩""小豆芽"也正成为威胁儿童青少年身体健康的三大常见现象（图1-4至图1-6）。

▲ 图1-4 小胖墩

▲ 图1-5 小眼镜

▲ 图1-6 "小豆芽"

此外，在身体素质方面，我国儿童青少年与发达国家同龄人存在一定差距，且随年龄的增加差距加大。据调查数据显示，我国9~17岁男生及9~10岁女生耐力素质均低于国际平均水平。

近年来，美国以及欧洲多国儿童青少年的体质健康状况也呈下降趋势，耐力和速度素质下降尤其明显，其他素质及总体体质健康水平随年龄的增加而下降，且男孩比女孩差。德国等经济发达国家儿童青少年体质优于东欧的欠发达国家。欧美儿童青少年健康问题的增加，如肥胖和近视率上升等，成为导致这些地区儿童青少年体质健康水平下降的关键因素。

日本体育厅2023年体力测试发现，其国内学生体质测试总分自2019年以来一直在下降，其中5年级男生总分比2019年下降1.1分，已降至自2008年调查开始以来的最低水平，5年级女生及初二男女生成绩虽较2008年有所提升，但均较2019年出现下降（图1-7）。

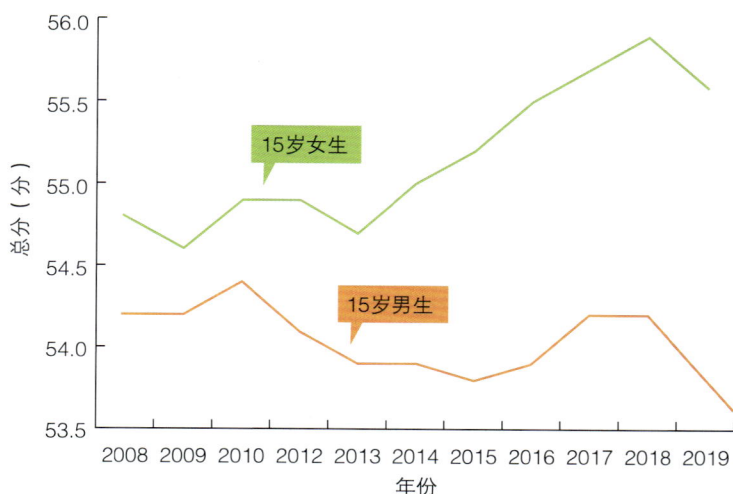

▲ 图 1-7　　2008—2019 年日本 15 岁学生体质测试总分变化

2. 心理健康现状

世界卫生组织数据显示，全球约 20% 的儿童青少年存在心理健康问题，即每 5 名儿童青少年中就可能有一人面临此类问题。儿童青少年心理健康问题主要体现在情绪、行为和认知方面，这已成为儿童青少年残障的主因之一，其中抑郁症是儿童青少年死亡的第三大原因。这些问题影响儿童青少年日常生活及未来发展，如患有严重心理健康问题的儿童青少年在学业、社交以及未来个人发展等方面会遭遇阻碍，甚至难以融入社会。儿童青少年心理健康关乎个人成长与社会和谐进步，因此需采取积极干预策略，呵护儿童青少年的心灵，让其健康成长。

（1）情绪障碍

情绪障碍指儿童青少年时期出现的各类情绪问题，会影响其日常生活与社会功能。抑郁症是儿童青少年中较为普遍的情绪障碍，据统计，10~14 岁儿童青少年患病率为 1.4%，15~19 岁儿童青少年患病率达 3.5%（图 1-8），抑郁症可致儿童青少年出现情绪低落、焦虑、自责、绝望等负面情绪，不仅影响日常情绪状态，还可能引发自我伤害、自杀倾向等严重心理问题。若不及时治疗，儿童青少年抑郁症可能延续至成年期，增加成年后患心理健康问题的风险，对其未来整体生活质量产生长期影响。因此，及时识别与干预儿童青少年抑郁症对促进其心理健康和全面发展极为关键。

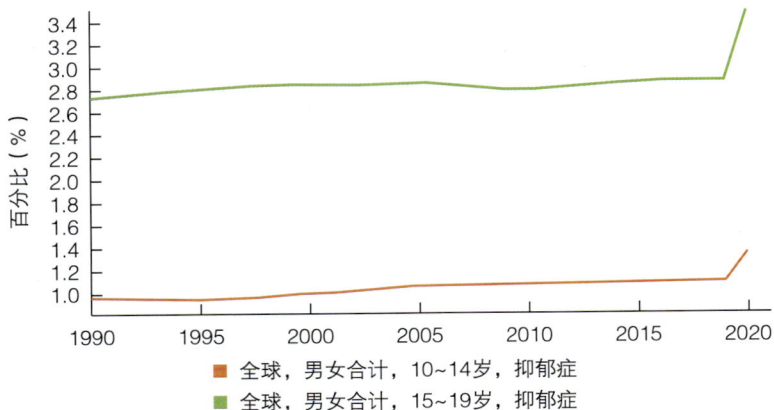

▲ 图 1-8   1990—2020 年全球男女不同年龄段儿童青少年患抑郁症所占百分比

（2）行为障碍

行为障碍（图 1-9）指儿童青少年期出现的违反社会规范或道德准则的持续行为模式，儿童时期较为常见。常见的行为障碍有注意缺陷多动障碍和品行障碍。注意缺陷多动障碍主要表现为难以集中注意力、过度活动和不顾后果的行为，10~14 岁儿童青少年患病率为 2.9%，15~19 岁年龄段患病率为 2.2%，其危害涉及学业、社交、心理健康及长期社会功能等方面。儿童青少年品行障碍是复杂的行为心理问题，10~14 岁儿童青少年患病率 3.5%，15~19 岁年龄段患病率 1.9%，包括破坏性或挑战性行为症状，会影响儿童青少年的健康成长并增加犯罪风险（图 1-10）。因此，儿童青少年行为障碍需多层次、多角度综合干预，通过心理治疗、家庭支持、社会支持和行为矫正等措施，帮助儿童青少年改善行为问题，促进其健康成长。

▲ 图 1-9   行为障碍

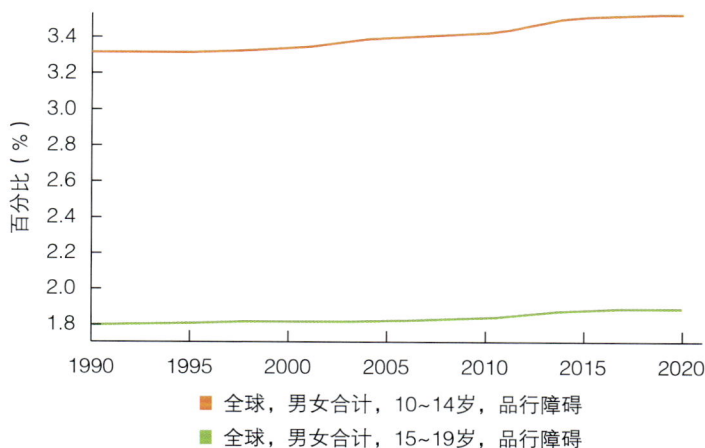

全球，男女合计，10~14岁，品行障碍

全球，男女合计，15~19岁，品行障碍

▲ 图 1-10　1990—2020 年全球不同年龄段儿童青少年品行障碍所占百分比

（3）饮食失调

饮食失调（如神经性厌食症和神经性贪食症）常见于儿童及青春期，表现为饮食行为异常与对食物的过度关注，多数还伴有对体重和体型的担忧，女孩更易受影响。饮食失调损害身体健康，常与抑郁症、焦虑症和物质使用障碍并发。据估，10~14 儿童岁青少年中患饮食失调的占 0.1%，15~19 岁年龄段中占 0.4%。饮食失调可能导致出现自杀倾向；神经性厌食症可致过早死亡，多由医疗并发症或自杀行为引发，死亡率高于其他精神障碍（图 1-11）。提升青少年自我身体认可与自尊水平，改善家庭和社会环境，可预防和减少饮食失调情况发生。

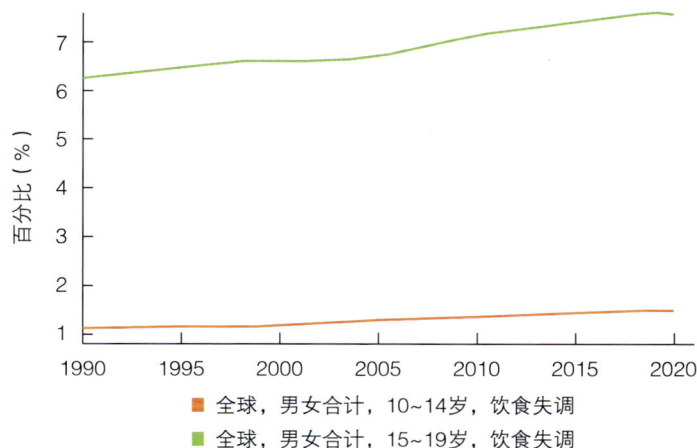

全球，男女合计，10~14岁，饮食失调

全球，男女合计，15~19岁，饮食失调

▲ 图 1-11　1990—2020 年全球不同年龄段儿童青少年饮食失调所占百分比

（4）儿童青少年精神病

儿童青少年后期至成年早期是精神病障碍症状的高发阶段，其中以精神分裂症为主要表现形式。精神分裂症作为一种复杂的精神疾病，其显著症状涵盖幻觉、妄想以及思维混乱等。儿童青少年患者往往呈现社交退缩、情感淡漠和认知功能障碍等症状，这些症状对他们的日常生活和社会功能产生了严重的负面影响。据相关统计数据显示，在15~19岁的群体中，精神分裂症的患病率为0.1%。自2019年起，受COVID-19大流行的冲击，儿童青少年精神分裂症患病率陡然上升，儿童青少年心理健康面临着前所未有的严峻挑战（图1-12）。患有精神分裂症的儿童青少年常常遭遇污名化，这不仅加重了他们人际关系和学业方面的困境，还使患病羞耻感增强，进一步导致其社会交往功能的下滑，极大地影响了儿童青少年患者的治疗依从性以及社会适应能力。因此，儿童青少年患者迫切需要心理支持、法律保障以及教育资源的助力，以推动其心理健康的恢复进程。

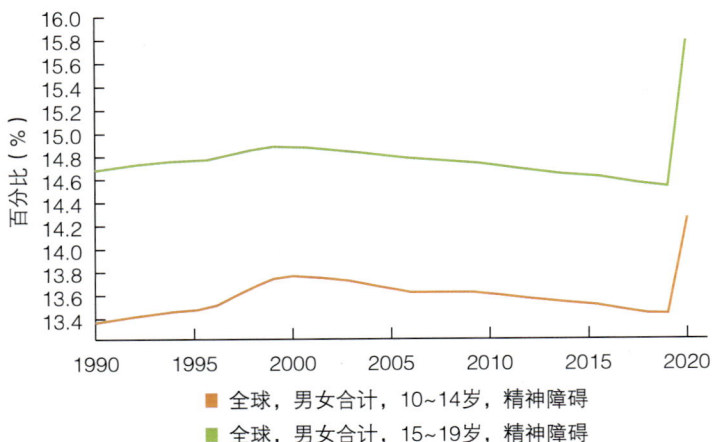

图例：
■ 全球，男女合计，10~14岁，精神障碍
■ 全球，男女合计，15~19岁，精神障碍

▲ 图 1-12　1990—2020 年全球不同年龄段儿童青少年精神障碍百分比

（二）中国儿童青少年身心健康以及膳食营养现况

1. 中国儿童青少年身体形态发育现状

近年来，我国儿童青少年身体形态发育情况有显著变化。国家卫健委数据显示，2000—2020年，6~17岁男孩身高平均增长4.4厘米、女孩平均增长3.3厘米；体重方面，男孩平均增长6.2千克，女孩平均增长4.8千克，这些都得益于生活水平提高和营养改善。但是，需要引起重视的是，我国儿童青少年不良体态问题严重。国家体育总局体育科学研究

所与光明日报社联合调研组在全国六个省市中小学调研中发现，80% 的儿童青少年存在不同程度的身体姿态问题，且 68% 的调研对象不良姿态达两项以上。

2. 中国儿童青少年身体素质发展现状

2019 年全国 6~22 岁学生体质健康达标优良率为 23.8%，自 2014 年以来总体呈上升趋势。其中，中小学生柔韧、力量、速度和耐力等素质总体好转，小学生和初中生的柔韧素质、力量素质改善较其他年龄段更明显（图 1-13）。

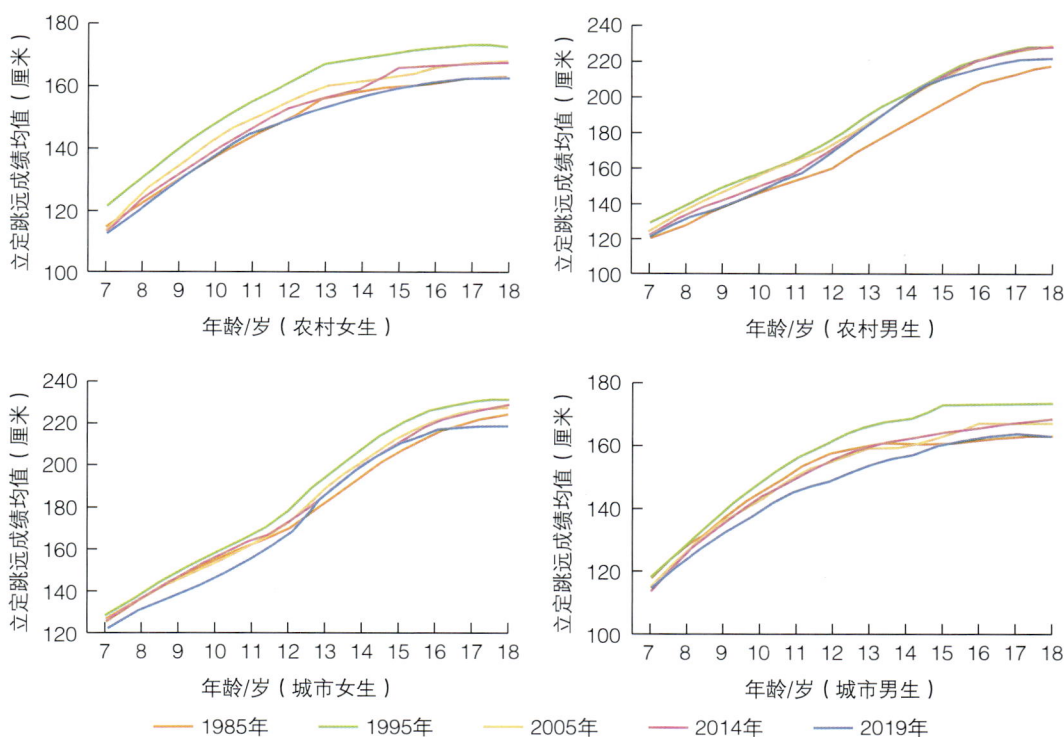

▲ 图 1-13 　　1985—2019 年中国 7 ～ 18 岁农村女生爆发力的变化趋势

3. 中国儿童青少年代谢发育现状

儿童青少年代谢发育受生活方式影响显著。基础代谢率方面，由于活动量减少和久坐行为增加，近年来呈下降趋势。以 12~15 岁儿童青少年为例，平均基础代谢率较 20 年前下降约 5%~8%。代谢性疾病风险逐渐上升，据统计，我国 10~19 岁儿童青少年中，约 10% 存在血脂异常；儿童青少年 2 型糖尿病发病率逐年增加，发病年龄也在降低（图 1-14）。

高糖、高脂肪、高盐饮食以及缺乏运动，使得身体代谢负担加重，能量消耗与摄入失衡，进而影响代谢功能正常发育，增加了成年后患慢性代谢性疾病的隐患。

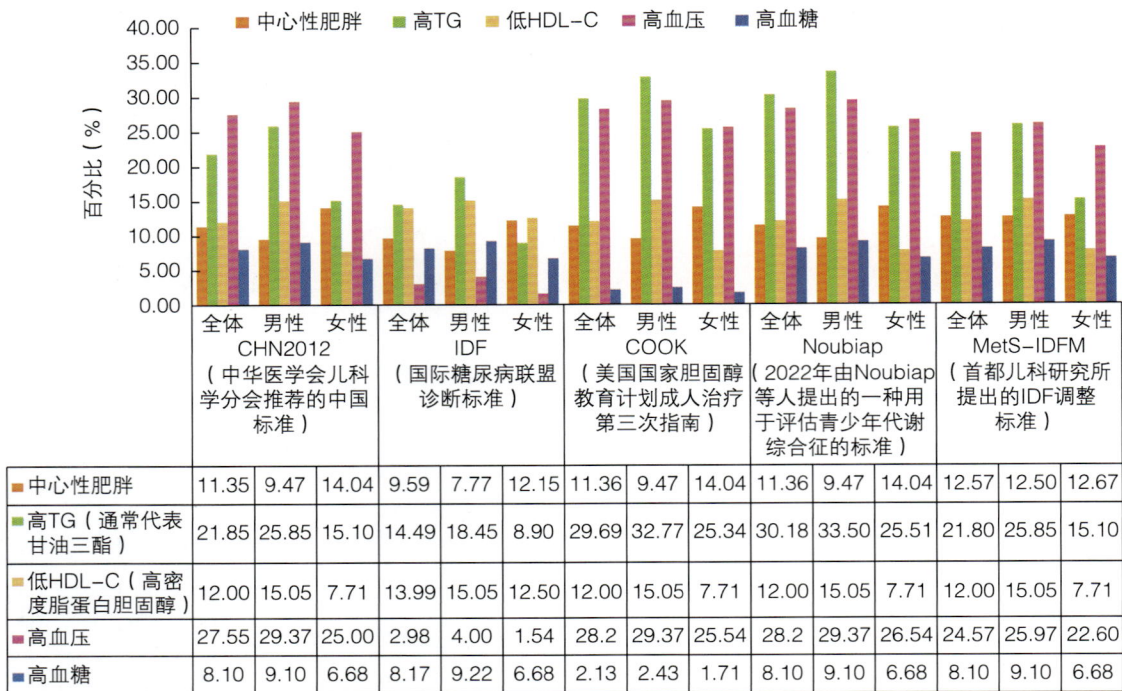

	全体	男性	女性	全体	男性	女性	全体	男性	女性	全体	男性	女性	全体	男性	女性
	CHN2012 （中华医学会儿科学分会推荐的中国标准）			IDF （国际糖尿病联盟诊断标准）			COOK （美国国家胆固醇教育计划成人治疗第三次指南）			Noubiap （2022年由Noubiap等人提出的一种用于评估青少年代谢综合征的标准）			MetS-IDFM （首都儿科研究所提出的IDF调整标准）		
中心性肥胖	11.35	9.47	14.04	9.59	7.77	12.15	11.36	9.47	14.04	11.36	9.47	14.04	12.57	12.50	12.67
高TG（通常代表甘油三酯）	21.85	25.85	15.10	14.49	18.45	8.90	29.69	32.77	25.34	30.18	33.50	25.51	21.80	25.85	15.10
低HDL-C（高密度脂蛋白胆固醇）	12.00	15.05	7.71	13.99	15.05	12.50	12.00	15.05	7.71	12.00	15.05	7.71	12.00	15.05	7.71
高血压	27.55	29.37	25.00	2.98	4.00	1.54	28.2	29.37	25.54	28.2	29.37	26.54	24.57	25.97	22.60
高血糖	8.10	9.10	6.68	8.17	9.22	6.68	2.13	2.43	1.71	8.10	9.10	6.68	8.10	9.10	6.68

▲ 图 1-14　　中国 10～19 岁儿童青少年血脂抽样结果

4. 中国儿童心理健康现状

（1）抑郁

据《2023 年度中国精神心理健康蓝皮书》数据显示，我国儿童青少年抑郁检出率为 24.6%，重度抑郁检出率为 7.4%。抑郁检出率小学约为 10%，初中为 30%，高中为 40% 左右。发达地区初中生抑郁检出率为 32.5%，高中生为 40.9%。学业、家庭、社交、青春期变化等因素易诱发抑郁，影响青少年身心健康，甚至导致自杀。

（2）手机成瘾

手机成瘾在儿童青少年中普遍。全国中小学生调查显示，约 30% 存在成瘾倾向，日均使用手机超 3 小时，部分城市学校班级超 40% 学生对手机过度依赖。长时间使用手机损害视力、影响睡眠与颈椎，致社交弱化、注意力不集中、成绩下滑，限制使用时会焦虑烦躁，损害心理健康。

（3）自伤

自伤行为在儿童青少年中也有一定比例。家庭环境不良、学习压力过大、情绪调节能力差等是导致自伤行为的重要因素，自伤行为不仅会对身体造成直接伤害，更是心理痛苦的外在表现，若不及时干预，可能会发展为更严重的心理问题和行为障碍，对青少年的未来发展产生极大的负面影响。

我国儿童青少年心理健康干预尚在发展中，存在学校专业心理师资及咨询设施匮乏、社区与家庭关注和知识普及不够等问题。虽有心理辅导、认知行为纠正、临床治疗等手段，但因专业人员短缺及社会观念制约，许多有心理问题的儿童青少年难以得到及时有效的援助。其身心健康问题复杂多样，亟待家庭、学校、社会协同发力，通过改善生活方式、减轻学业负担、强化心理支持等措施，助力其全面健康成长。

5. 中国儿童青少年膳食营养现况

系列中国居民营养健康监测及"十三五"科技基础资源调查专项《中国 0~18 岁儿童营养与健康系统调查与应用》的数据显示：

从 1982 年到 2012 年再到 2021 年（仅统计猪肉与蛋类）的数据来看，学龄儿童的畜禽肉蛋类摄入量呈现逐步增长趋势，尤其是猪肉和蛋类的摄入量显著增加（图 1-15），而且男生的总体摄入量高于女生，城市的总体摄入量高于农村。畜禽肉蛋类是人体所需优质蛋白质的主要来源，数据还显示，儿童青少年目前的膳食蛋白质摄入量均超过推荐膳食摄入量。城市男生摄入量最高，农村女生摄入量较低。蛋白质摄入量的增加与畜禽肉以及蛋类的摄入量增加是一致的，这是因为畜禽肉以及蛋类提供了营养素中大部分蛋白质。但是数据还显示，儿童青少年目前的膳食钙摄入量均低于推荐膳食摄入量。其中城市男生摄入量相对较高，农村女生摄入量较低。儿童青少年钙摄入不足，应该引起全社会的重视。

▲ 图 1-15　学龄儿童畜禽肉、蛋、水产摄入量

对比 1982 年、2012 年两年数据，儿童青少年目前的膳食谷薯杂豆摄入量以及蔬菜摄入量近三十年来均明显下降（图 1-16、图 1-17）。

主食的精细化，带来膳食纤维、硫胺素摄入量的明显下降

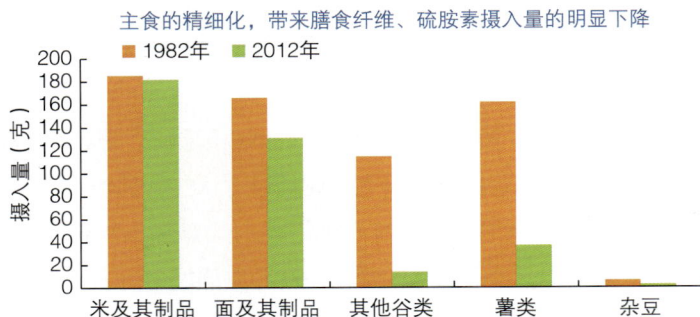

▲ 图 1-16　6 ～ 17 岁学龄儿童青少年膳食谷薯杂豆摄入量

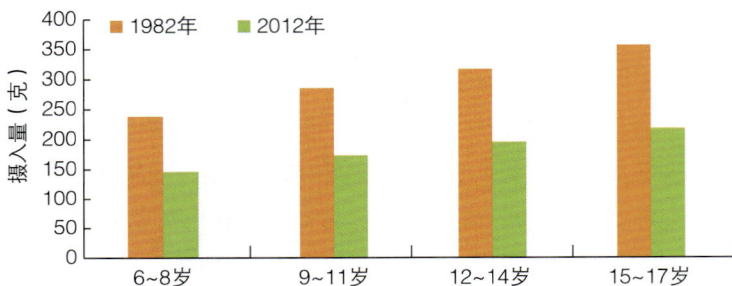

▲ 图 1-17　6 ～ 17 岁学龄儿童青少年膳食蔬菜摄入量

同时，我国儿童青少年饮料摄入量逐步增加。数据显示，2021 年我国 6~17 岁儿童青少年饮料摄入量中位数为 29.9 克 / 天。随着年龄增长，儿童青少年饮料的摄入频率和摄入量在显著上升（图 1-18）。

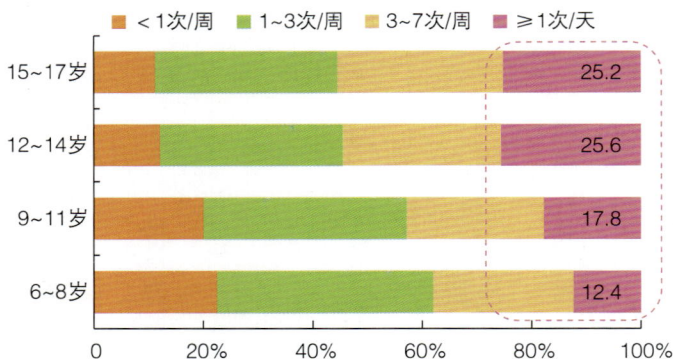

▲ 图 1-18　学龄儿童青少年饮品摄入量

总之，当前我国儿童青少年的膳食摄入特点为禽畜肉蛋多、精米面多、饮料多、深加工食物多、在外就餐多；食用的蔬菜品种单一且摄入量少、粗粮杂粮少、奶类不足、豆制品少、白水摄入量少、在家就餐少（图 1-19）。

多	少
禽畜肉蛋多	蔬菜量少，品种单一
精米面多	粗杂粮少
	奶类豆制品少
饮料多	白水少
深加工食品多	天然食品少
在外就餐多	在家就餐少

▲ 图 1-19　学龄儿童膳食特点总结

6. 中国儿童超重肥胖现状

当前我国儿童青少年超重肥胖问题日益突出，部分北方大城市 2023 年中小学生肥胖检出率接近 20%。究其原因，与不良的膳食习惯，包括高热量、高脂肪食品摄入过多，营养素摄入不均衡等密切相关；另外，还与运动量不足，尤其是室外的活动不足，以及屏幕使用时间过长有关。儿童青少年时期的超重肥胖不仅影响外观，还会增加他们成年后心血管疾病、糖尿病等慢性病的发病风险。

数据还显示，在一些地区存在着微量营养素的缺乏与特定疾病相关的现象。例如华南地区 6~17 岁儿童青少年的贫血率最高；东北地区以及华南地区儿童青少年胆固醇水平异常的发生率最高；而西北地区儿童青少年维生素 D 缺乏最严重。

数据显示，对比 2002 年、2012 年、2017 年以及 2021 年四年的数据，儿童青少年的超重肥胖率逐年上升，尤其男生的现状更为严峻；同时城市的增长速度较之农村更加迅猛（图 1-20）。

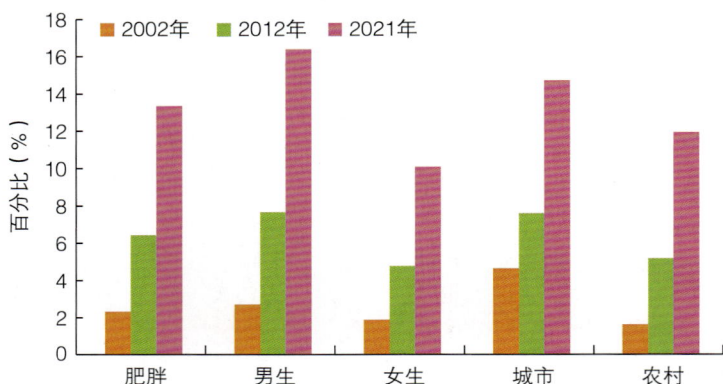

图表图例：2002年　2012年　2021年
纵轴：百分比（%），范围 0 到 18
横轴分类：肥胖　男生　女生　城市　农村

▲ 图 1–20　　儿童青少年超重肥胖现况

　　自古以来，我国就有"少年强则国家强"的说法，这不仅是对儿童青少年的寄语，更是对国家未来的期许。儿童青少年身心健康的良好发展，是他们健康成长和幸福生活的根基，事关国家和民族的未来，关乎亿万家庭的福祉。然而，随着社会的发展和生活水平的提高，儿童青少年身心健康问题日益突出，肥胖、近视、脊柱侧弯等问题普遍存在，抑郁、焦虑等心理问题的出现概率也呈现增加态势，儿童青少年身心健康状况亟待改善。

　　科学运动在促进儿童青少年身心健康发展中扮演着不可替代的角色。科学运动不仅是强健体魄的手段，更是塑造健全人格、提升社会适应能力的重要途径。科学运动是生长发育的"催化剂"，不仅有利于骨骼和肌肉系统的生长发育，同时有利于心肺功能的健全，以及神经－免疫系统的调节。科学运动还是心理健康的"调节器"，可以优化认知功能，促使大脑释放内啡肽、5–羟色胺等"快乐激素"，有效缓解焦虑、抑郁。科学运动通过规律作息、自律性培养，间接改善饮食选择（如减少高糖摄入）、减少屏幕使用时间，形成健康生活方式的"正循环"。

二、

影响儿童青少年身心健康的因素

（一）生活方式

依据生态系统理论，通常会从个人、学校、家庭、社会四个方面剖析青少年身心健康的影响因素。个人因素包括遗传基因、人格特点、认知风格、生活方式等；学校因素包括同伴关系、师生关系、班级氛围等；家庭因素包括家庭功能、亲子关系、教养方式、家庭社会经济地位等；社会因素包括社会文化、社会规范、社会稳定性等。

生活方式对儿童青少年身心健康的影响是多方面的，主要包括以下几个方面。

1. 体力活动水平

身体活动作为一种积极健康的行为，有益身心，能促进认知功能、情绪调节、自尊心与社交能力发展。规律的体育活动能帮助儿童青少年构建健康的生活方式，提升心理韧性。集体体育活动提供互动合作机会，对增强其社会技能、促进社交发展有积极影响。

2. 睡眠质量

国际睡眠组织提出，学龄儿童的推荐睡眠时长为 9~11 小时，青少年为 8~10 小时。结合我国《中小学生一日学习时间卫生标准》与美国全国睡眠基金会于 2015 年推荐的睡眠时长，定义 6~12 岁儿童夜睡眠 < 9 小时为睡眠不足，9~10 小时为睡眠基本满足，≥ 10 小时为睡眠充足；12~14 岁（初中）儿童夜睡眠时长 < 8 小时为睡眠不足，8~9 小时为睡眠基本满足，≥ 9 小时为睡眠充足。睡眠不足会显著增加各种负面情绪，例如抑郁、焦虑、愤怒、困惑等，同时还会导致精力下降（图 1-21）。

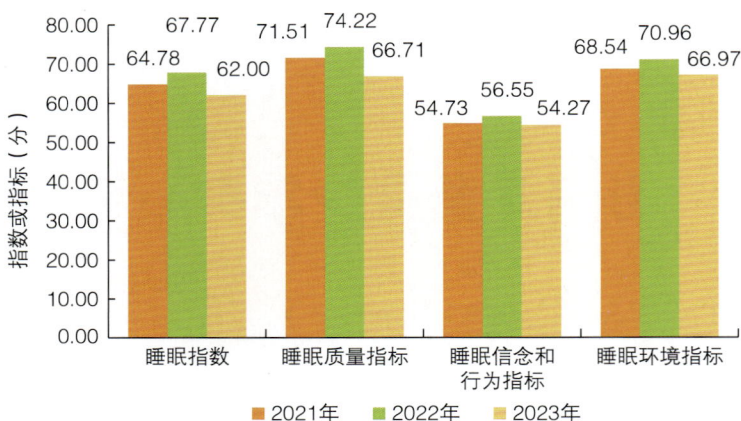

▲ 图 1-21　睡眠指数及其三个一级指标的对比分析

3. 营养水平

营养不良包括营养不足、微量营养素缺乏症、超重和肥胖等多种表现，生长迟缓、消瘦和低体重是营养不足的主要表现。营养不良会增加儿童青少年成年后患肥胖、糖尿病、心血管疾病等慢性疾病的发病概率，这种影响甚至会持续影响好几代人。

（二）家庭环境

家庭是儿童青少年日常生活的主要场所，家庭伤害是影响儿童青少年心理认知和社会适应能力发展的重要因素，已成为危害儿童青少年身心健康的严重公共问题，受到国内外学者的广泛关注。家庭环境大概包括以下几个方面，它们都对儿童青少年的身心发展起到重要的作用。

1. 父母教育方式

家庭教育方式直接关乎孩子的心理健康。主动关爱能促进儿童心理健康发展。父母应该用言语和行动关爱、支持、理解孩子，在孩子不知如何表达情绪时加以引导，鼓励其表达情感需求。在这样的家庭氛围中成长的孩子，社交与情感表达水平往往高于其他孩子，更善于处理人际关系。

2. 家庭结构

研究显示，完整家庭结构中的儿童心理问题发生率低，性格开朗活泼且情绪稳定（图 1-22）。单亲家庭的儿童因缺乏父爱或母爱，易缺乏安全感，难与同伴亲密相处，心理问题出现概率更高；留守儿童相比正常家庭的儿童，更易产生自卑或逆反心理障碍，影响其心理健康。因此，家庭各成员对于儿童成长及心理健康意义重大，父母尤其不应缺席其关键的成长阶段。

▲ 图 1-22　融洽的家庭氛围

3. 家庭经济条件

家庭经济状况会对儿童心理发展产生一定影响。通常，家庭经济条件好的儿童在语言、适应能力与智力发展上优于经济条件差的儿童，且更擅社交、能主动与人交往，人际关系及心理健康方面的问题较少。

（三）学校环境

在孩子成长过程中，学校环境扮演着重要的角色。学校不仅是知识的传授地，更是孩子们塑造个性和培养社交能力的场所。学校环境对儿童心理健康有着深远的影响（图 1-23）。

▲ 图 1-23　健康的校园运动环境

1. 学校心理健康教育

学校心理健康教育对全面培养青少年儿童并提升其心理健康素养至关重要。通过系统教育与支持，学校能助其树立积极的心理观念，学会应对压力，构建良好人际关系及发掘发展潜能，为未来奠基（图 1-24、图 1-25）。

▲ 图 1-24　和谐的校园氛围

▲ 图 1-25　　　　　　　　　　　和谐的朋友关系

2. 学校心理健康服务

发展心理学家指出，青春期对青少年自我同一性的发展极为关键。青少年离家渐多，步入不断拓展的社会环境，面临多种社会角色的挑战，处于获取自我同一性、承担社会角色与责任以及向成年过渡的重要时期。此阶段青少年面临生理变化、学业压力、自我认同构建、人际关系处理、道德与价值观形成等诸多问题，且易受学校环境左右，一旦在某方面受挫，就可能引发心理健康问题。因此，学校是否提供心理健康服务，对学生的身心健康发展有重要的影响。

3. 学习压力

学习在学生成长的各个阶段都至关重要，中学阶段尤为明显。近年来，随着学习压力增大，学生因承受不了压力，离家出走、自杀等突发情况时有发生（图 1-26）。学校如能关注到这个情况，及时提供疏解压力的途径，也能极大地促进学生身心健康的发展。

▲ 图 1-26　压力过大易出现心理问题

（四）社会支持

社会支持是指一个人从他人或集体中获得的物质或精神层面的支持与帮助，能减轻不利处境对儿童青少年的消极影响，助力其心理健康发展。良好的社会支持既能缓解儿童青少年，特别是留守儿童的"亲情饥渴"，又能增强他们应对不良环境的能力。

三、

身心发展对儿童青少年的综合影响

（一）身体素质对儿童青少年学业水平的影响

身体健康是儿童青少年文化课学习的物质基础，有学者认为身体健康水平更高的学生往往学业成绩更好，提高健康水平有助于提高学业成绩。首先，良好的体质对大脑发育及功能开发均有积极影响，可以改善认知能力、工作记忆能力、自我控制能力、执行功能、记忆力，为良好的学业成绩奠定基础。第二，对体质健康的组成分层面进行的研究显示，有氧能力与学龄儿童的拼写能力、学业成绩呈正相关，肺活量、肌肉力量和灵敏性对儿童青少年的学业表现也具有重要意义。纵向研究显示，与有氧能力一直较差的儿童青少年相比，保持较好的有氧能力或有氧能力由低水平提高到良好水平的儿童青少年更有可能获得较好的学业成绩。在体质健康促进学业水平的作用机制方面，研究发现心肺耐力的提升可促进某些神经生长因子的释放，增加大脑血液供应，从而改善大脑的机构和功能；骨骼肌收缩会产生、表达并释放 IL-6、BDNF 等细胞因子，影响大脑新陈代谢，进而影响认知功能。

（二）心理健康对儿童青少年学业水平的影响

积极心理是影响学业成绩的重要因素。研究表明，自我效能会影响个人对目标的设定，自我效能高的人往往倾向于设置较高的目标水平，对自身能力更有信心，自我控制感更强，并表现出较强的目标承诺（图 1-27）。高水平自尊能显著降低个体所感受到的焦虑情绪及其相关行为表现，而自尊水平下降时个体所受到的焦虑影响及其相关行为可能会相应增加。儿童青少年的自尊心和价值感缺失是引发学习焦虑的重要内源性因素，另外，低自尊的个体在学习中可能会产生更多的消极情绪，驱使他们采用拖延行为来应付学习任务，影响学业成绩。

因此，良好的心理健康如人格健全、情绪稳定、积极乐观、意志坚强、自我认同等均有助于儿童青少年挖掘自身内生动力，自主树立目标并努力追求，勇于克服学习中遇到的困难和挫折并能及时调整情绪，这些都对学习有积极的促进作用。

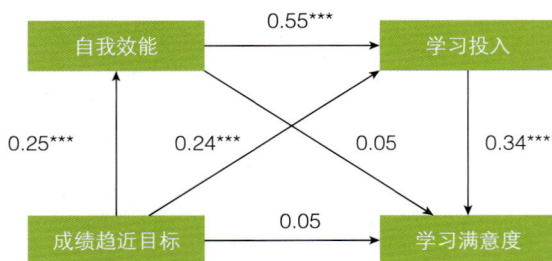

注：*** 代表数据具有统计学意义

▲ 图 1-27　　自我效能和学业成绩的中介模型

（三）身心发展对儿童青少年社会适应能力的影响

人际素质是社会适应能力的重要方面。人际素质指个体与周围群体、他人进行交流、往来，营造出有利于人际交往的氛围、改进和革新人际关系的品质。人际素质是儿童青少年社会化过程中不可或缺的重要环节，良好的人际素质有助于儿童青少年获得理解与友谊，并加强自身安全感和归属感。学者们研究表明，儿童青少年人际交往能力与运动锻炼的频率、强度等有着密切关系，而良好的身体素质和心理健康发展能促进儿童青少年参与运动锻炼，通过运动锻炼儿童青少年能获得积极愉悦的情绪体验，增加与同伴的沟通和配合，体验到不同的社会角色，提高社会交往能力，建立更为紧密的人际关系和积极生活态度，从而提升社会适应能力（图 1-28）。

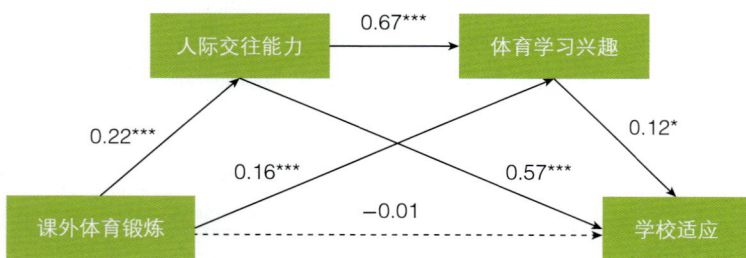

注：*** 代表数据具有统计学意义

▲ 图 1-28　　课外体育锻炼对学校适应影响的中介模型

参考文献

白学军，刘旭，李馨，等，2013.心理健康素质测评系统·中国成年人人际健康素质量表的编制 [J].心理与行为研究，11（1）：1-8.

陈雪峰，2024 年.青少年心理健康问题的影响因素与应对 [N].人民论坛，9-02（05）.

国家卫生健康委发布的相关儿童青少年生长发育监测统计资料.

《中国居民营养与慢性病状况报告（2020 年）》.

1985—2019 年 8 次中国儿童青少年体质健康监测的爆发力素质研究及长期发展预测.

黄泷平，陈金玲，黎伟，2023.团体社交技能训练在儿童青少年精神分裂症患者中的应用研究 [J].基层医学论坛，27（33）：10-12.DOI：10.19435/j.1672-1721.2023.33.004.

胡和平，2022.浅析当下中学生学习压力对心理健康发展的影响及教育对策 [J].教育进展，12（4）：1134-1139.

梁哲，2017.学生体质与学业表现的实证研究——以陕西省渭南市为例 [D].北京：清华大学.

刘在花，2022.成就目标定向对中学生学习满意度的影响机制——学业自我效能感和学习投入的链式中介作用 [J].教育研究与实验（5）：98-103.

李洪新，2024.社会支持对留守儿童心理弹性的影响及教育建议 [J].中小学心理健康教育（3）：19-21.

唐凯麟，1996.论幸福——兼析享乐主义 [J].求索（3）：45-48.

王琼瑶，2024.家庭教育方式对儿童心理健康的影响探究 [J].科研成果与传播（2）：0023-0026

王丽，2024.家庭环境对儿童心理健康的影响 [J].青春期健康，22（3）：75.

温煦，张莹，周鲁，等，2018.体质健康对青少年学业成绩影响及其作用机制——来自纵向研究的证据 [J].北京体育大学，41（7）：70-76.

许志飞，杨琴，江帆，等，2023.中国儿童睡眠健康百问百答 [J].中华实用儿科临床杂志，38（3）：169-191.

颜景飞，戴圣婷，2024.儿童青少年身体活动的心理和行为健康效应：系统综述的系统综述 [J].中国康复理论与实践，30（10）：1125-1132.

颜军，陶宝乐，石露，等，2020.青少年课外体育锻炼与学校适应的关系：链式中介模型及性别差异 [J].中国体育科技，56（10）：11-18.

曾祥宇，黄彦，刘斯博，等，2021.睡眠时长、饮食习惯与学龄儿童肥胖的关系 [J].中华疾病控制杂志，25（5）：600-604+611.

张红岩，2021.儿童期与青少年期起病的精神分裂症临床比较研究 [J].当代医学，27（32）：152-153.

VizHub – GBD Results.

张彦，2014 体育锻炼对大学生人际交往能力影响的研究 [J].高教探索，（5）：185-189.

Castelli DM, Hillman CH, Buck SM, et al., 2007. Physical fitness and academic achievement in third- and fifth-grade students[J]. Journal of Sport and Exercise Psychology, 29（2）: 239.

Chu C-H, Chen F-T, Pontifex M B, et al., 2019. Health-related physical fitness, academic achievement, and neuroelectric measures in children and adolescents[J]. International Journal of Sport and Exercise Psychology, 17（2）: 117.

Diener E, Oishi S, Tay L, 2018. Advances in subjective well-being research[J]. Nature Human Behaviour, 2（4）: 253-260.

Eveland-Sayers BM, Farley RS, Fuller DK, et al., 2009. Physical fitness and academic achievement in elementary school children[J]. Journal of Physical Activity and Health, 6（1）: 99.

Fühner T, Kliegl R, Arntz F, Kriemler S, Granacher U, 2021.An Update on Secular Trends in Physical Fitness of Children and Adolescents from 1972 to 2015: A Systematic Review. Sports Med, 51（2）: 303-320.

Gil-Espinosa F J, Cadenas-Sanchez C, Chillón P, 2019.Physical fitness predicts the academic achievement over one-school year follow-up period in adolescents[J]. Journal of sports sciences, 37（4）: 452.

Ishihara T, Morita N, Nakajima T, et al., 2018.Modeling relationships of achievement motivation and physical fitness with academic performance in Japanese schoolchildren: Moderation by gender[J]. Physiology & behavior, 194: 66.

https://www.nippon.com/en/japan-data/h00632/survey-finds-decline-in-physical-fitness-among-japanese-children.html.

Lopes L, Santos R, Pereira B, et al., 2013. Associations between gross motor coordination and academic achievement in elementary school children[J]. Human movement science, 32（1）: 9.

Lambert K, Ford A, Jeans R, 2024.The association between physical education and academic achievement in other curriculum learning areas: A review of literature[J]. Physical Education and Sport Pedagogy, 29（1）: 51-81.

Pedersen BK, Febbraio MA, 2012. Muscles, exercise and obesity: skeletal muscle as a secretory organ[J]. Nat Rev Endocrinol, 8（8）: 457-465.

Pindus DM, Drollette ES, Scudder MR, et al., 2016. Moderate-to-vigorous physical activity, indices of cognitive control, and academic achievement in preadolescents[J]. The Journal of pediatrics, 173: 136.

Sardinha LB, Marques A, Minderico C, et al., 2016. Longitudinal relationship between cardiorespiratory fitness and academic achievement[J]. Med Sci Sports Exerc, 48（5）: 839-844.

Whiteman AS, Young DE, He X, et al., 2014. Interaction between serum BDNF and aerobic fitness predicts recognition memory in healthy young adults[J]. Behav Brain Res, 259（2）: 302-312.

第二章

科学运动促进
身心健康

科学运动对躯体健康的影响

生长发育是个体从出生到成熟的重要生命过程，涵盖身高与体重的增长、骨骼与肌肉系统的发育、神经系统的完善以及内分泌与代谢稳态的建立。在这一阶段，机体对外界环境因素高度敏感，合理的营养摄入与适度的运动干预能够促进健康发育，预防相关疾病的发生（图2-1）。

儿童与青少年时期是机体形态与功能迅速发展的关键阶段。在此期间，骨骼、肌肉、神经系统及内分泌系统均处于高度活跃和塑形期。适度的有氧运动（如跑步、游泳）和力量训练（如体操、举重）通过机械刺激促进成骨细胞与破骨细胞的协同作用，增加骨密度与骨梁结构的坚固性，为成年后预防骨质疏松奠定基础。在机械应力作用下的适度训练有助于增加肌肉的横截面积与总体质量，从而提高肌肉的收缩效率和抗疲劳能力。

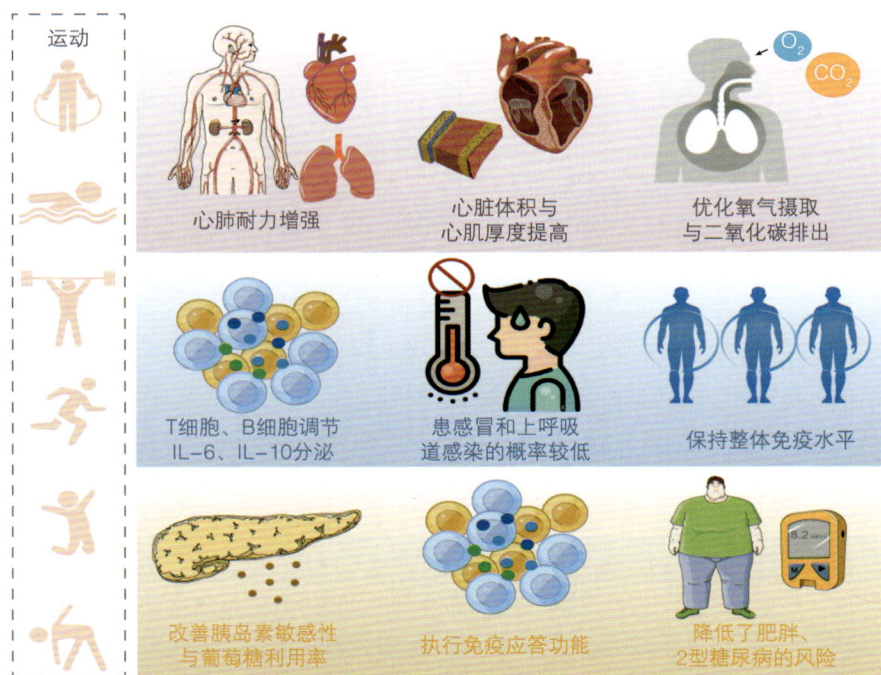

运动

心肺耐力增强

心脏体积与心肌厚度提高

优化氧气摄取与二氧化碳排出

T细胞、B细胞调节IL-6、IL-10分泌

患感冒和上呼吸道感染的概率较低

保持整体免疫水平

改善胰岛素敏感性与葡萄糖利用率

执行免疫应答功能

降低了肥胖、2型糖尿病的风险

▲ 图2-1　运动对心肺功能、免疫调节与代谢健康的综合影响

神经系统在此期间表现出高度可塑性。规律的运动训练通过高强度的重复性刺激，强化神经元之间的突触连接，提升运动技能与反应速度。此外，运动还可促进生长激素（GH）和胰岛素样生长因子1（IGF-1）的分泌，有助于长骨骨骺软骨的增殖与骨化，加速身高增长（图2-2）。

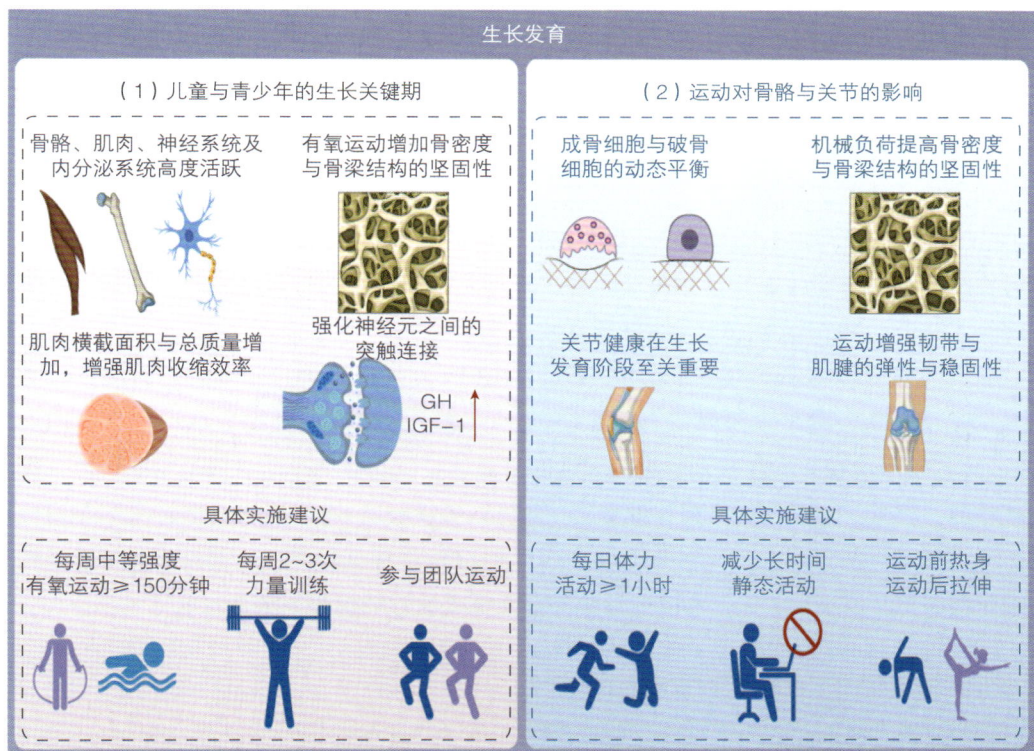

生长发育

（1）儿童与青少年的生长关键期

骨骼、肌肉、神经系统及内分泌系统高度活跃

有氧运动增加骨密度与骨梁结构的坚固性

肌肉横截面积与总质量增加，增强肌肉收缩效率

强化神经元之间的突触连接

GH↑ IGF-1↑

具体实施建议

每周中等强度有氧运动≥150分钟

每周2~3次力量训练

参与团队运动

（2）运动对骨骼与关节的影响

成骨细胞与破骨细胞的动态平衡

机械负荷提高骨密度与骨梁结构的坚固性

关节健康在生长发育阶段至关重要

运动增强韧带与肌腱的弹性与稳固性

具体实施建议

每日体力活动≥1小时

减少长时间静态活动

运动前热身运动后拉伸

▲ 图 2-2　运动对儿童青少年生长发育的影响

（一）身体形态

1. 身高

身高作为儿童青少年生长发育的关键指标，其增长机制一直是医学、生物学和运动科学领域研究的重点。过去十年，我国儿童青少年身高等指标呈现上升趋势，超过了日本、韩国等。发表于医学杂志《柳叶刀》（*Lancet*）的研究显示，近30年来，中国人的身高越来越高，19岁中国男性的平均身高为175.7厘米，中国女性的平均身高为163.5厘米，位列东亚第一。

众多研究表明，运动对促进儿童青少年身高增长具有显著的积极作用。生长激素（GH）由脑垂体分泌，对儿童青少年身高增长起着关键作用。规律且适量的运动能有效刺激体内生长激素的分泌。有氧运动和轻度抗阻力训练有助于提升儿童青少年生长激素水平，进而促进骨骼生长。不仅如此，运动能提升儿童青少年食欲，促进营养物质的有效吸收。运动过程中能量消耗增加，使得人体对蛋白质、矿物质（尤其是钙、磷）及维生素 D 的需求增大，这些营养素对骨骼的生长至关重要。

2. 外部形态学指标

随着生活水平的提高和生活方式的改变，儿童青少年超重和肥胖的发生率迅速增加，成为全球性的健康问题。体重管理不仅关系到个体的外在形象，更是健康和生活质量的重要指标之一。运动作为体重管理的重要因素，对预防增重以及防止减重后反弹都发挥着重要作用。

肥胖儿童青少年参加规律的运动不仅对体重有良好的影响，还可以明显提高心肺功能、改善脂代谢、降低血清胰岛素和血糖水平，减少代谢综合征的发病率。具体而言，García–Hermosoetal 发现较大强度体力活动可显著减少儿童青少年身体的脂肪含量，提高心肺功能、改善心血管代谢及全身骨密度。此外，一项针对 88 名肥胖男孩的 RCT（随机对照试验）显示，与对照组相比，每周 3 次 60~90 分钟中等至较大强度运动干预可显著降低肥胖男孩体重、体脂百分比、腰围、总胆固醇并提高其心肺功能（图 2–3）。

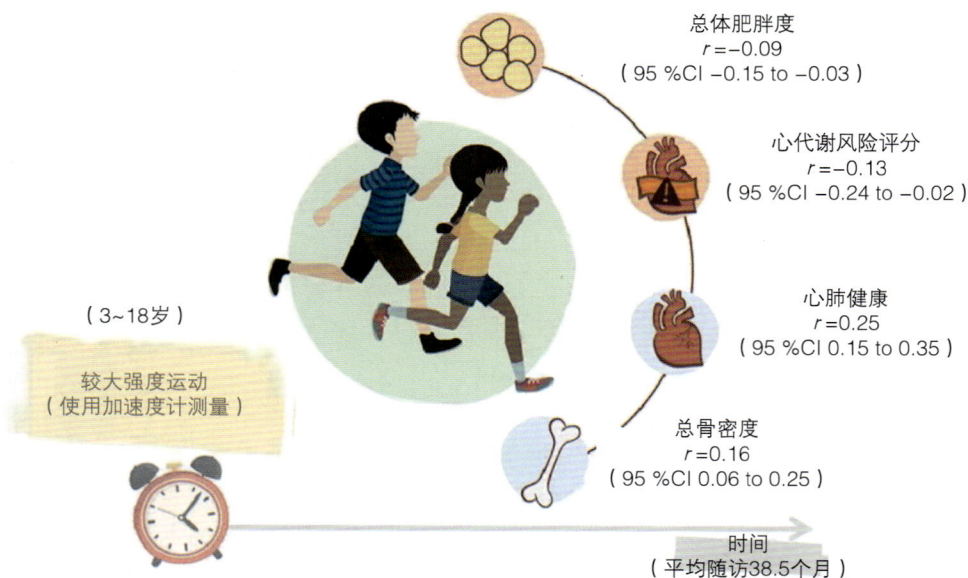

总体肥胖度
$r=-0.09$
（95 %CI –0.15 to –0.03）

心代谢风险评分
$r=-0.13$
（95 %CI –0.24 to –0.02）

心肺健康
$r=0.25$
（95 %CI 0.15 to 0.35）

总骨密度
$r=0.16$
（95 %CI 0.06 to 0.25）

（3~18岁）

较大强度运动
（使用加速度计测量）

时间
（平均随访38.5个月）

▲ 图 2–3　较大强度运动与儿童青少年健康结果的关系

3. 身体成分

研究表明，儿童青少年的身体活动水平与身体成分指标之间存在相关性。具体来说，增加中等到高强度的身体活动可以促进脂肪燃烧，增加肌肉量，从而改善身体成分。例如，有证据支持身体活动对骨骼强度和骨骼密度有积极影响，且学龄儿童时期的身体活动对预防之后的骨质疏松症具有长期健康效益（图 2-4）。还有证据表明，有氧运动和高强度间歇训练相较于对照组在降低肥胖年轻人内脏脂肪方面均具有显著效果，根据二者效应量提示高强度间歇训练的效果似乎比有氧运动更好。

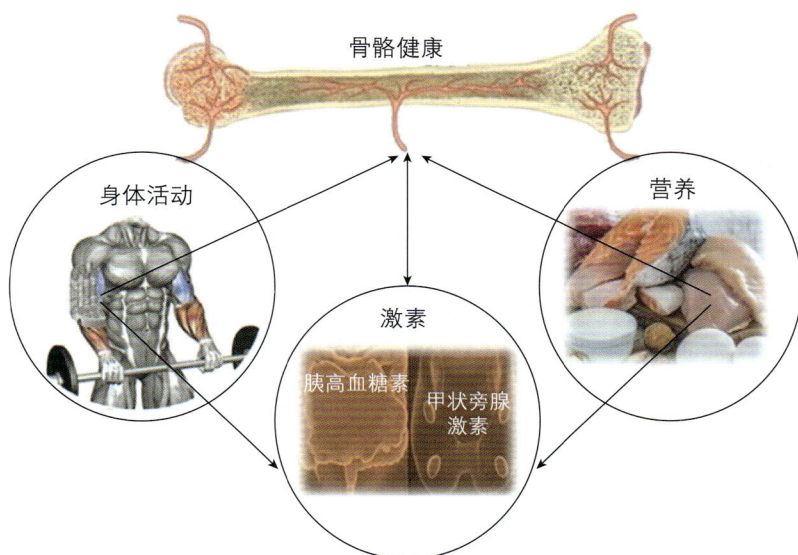

▲ 图 2-4　　　　　　　　　　骨稳态和重塑的潜在关键因素

在生长发育早期，骨骼系统通过成骨细胞（osteoblast）与破骨细胞（osteoclast）的动态平衡不断重建与成长。适度的负重与弹跳类运动能够通过机械负荷刺激骨骼，提高骨密度（Bone Mineral Density，BMD）与骨梁结构的坚固性，从而在成年后降低骨质疏松与骨折的风险。青少年时期处于生长发育的高峰期，成年人 90% 以上的骨量是在青春期结束前积累的，因此，青少年时期的骨密度水平对成年后骨峰值及骨质疏松发病率有着重要影响。适宜的运动能够促进青少年的骨骼发育，提高骨量、骨密度、骨宽度等骨形态学指标，为成年后高骨峰值的获得及骨质疏松的预防奠定基础（表 2-1）。

表 2-1　运动方式对骨骼健康影响的实证性研究结果

运动方式	运动项目	影响概述	研究人员	试验对象及分组	运动方案	对骨密度的具体影响
渐进抗阻训练	核心肌群训练、局部抗阻训练	渐进抗阻训练能够增加肌肉的横截面积、肌纤维数量，从而提高肌肉力量。抗阻训练能够提高骨密度，从而预防骨质疏松	Nichols 等	14~18 岁女孩，经期正常，随机分为抗阻训练组：n=46 对照组：n=21	抗组训练组：每周 3 天，每天 30~45 小时，持续 15 个月。渐进式练习，练习组数从进行 1 组 12 ~ 14 次练习，逐渐过渡到 3 组 9~10 次练习。强度为 10RM（RePetition Maximum，最大重复次数）	（1）股骨颈密度抗阻训练组：3.67% 对照组：1.35% （2）全身骨密度抗阻训练组：2.81% 对照组：1.62%
冲击性运动	跳绳、单足跳、克服体重的练习、抗阻练习和球类活动	适宜的机械应力能够促进骨形成，提高骨密度及断面系数，从而预防骨质疏松	Fuchs 等	5.8~9.8 岁的小学生，随机分为跳跃组：n=44 对照组：n=45 运动场地为木质地板	（1）试验组：渐进性跳跃运动，每周 3 次，每次持续 10 小时，前 4 周，跳跃组从每组 50 下（无箱子）过渡到每组 80 下（有箱子），第 5 周从 61 厘米高的箱子双足跳下，每次跳 100 下，持续 7 个月 对照组：进行无冲击性的伸展运动	与对照组相比，跳跃组的变化：腰椎骨量增加 3.1%，骨密度增加 2.0%，股骨颈骨量增加 4.5%
组合式运动	有氧+抗阻训练；太极+抗阻训练	组合式运动能促进机体的肌肉力量、平衡能力、协调能力以及心肺功能等身体机能指标，从而提高机体的运动能力，显著提高骨密度，从而预防骨质疏松	Brad-ney 等	8.4~11.8 岁男孩，随机分为运动组：n=20，对照组：n=20	（1）进行非渐进性的组合式运动，每周 3 次，每次 30 分钟，持续 8 个月 （2）运动方案包含：有氧运动、足球、排球、舞蹈、体操、篮球、举重	与对照组相比，运动组的变化：全身面积骨密度增加 1.2%，腰椎面积骨密度增加 2.8%，股骨中段骨密度增加 5.6%，其他部位无显著差异
			Lofgren 等	7~9 岁小学生试验组：n=121 对照组：n=110	（1）试验组：学生在上学期间每天参与 40 分钟的体育课程，持续 4 年 （2）对照组：参与体育课程的时间平均为每周 60 分钟	对照组与试验组：腰椎骨量比干预前各增加 3.3%、7%，股骨颈宽度比干预前各增加 0.6%、1.7%

　　关节健康在生长发育阶段同样至关重要。关节软骨因缺乏直接的血管供应，其营养与代谢主要依赖关节液（Synovial Fluid）在关节活动时的机械挤压与扩散。适度运动通过周期性的压缩与扩张关节，促进关节液的流动与营养物质的交换，维持软骨的代谢平衡与弹性。此外，运动还能增强韧带与肌腱的弹性与稳固性，提升关节的稳定性并扩大其活动范围，减少因快速生长引发的关节疼痛与功能受限（图2-5）。

促进骨骼与关节健康的运动方式

力量训练
训练方式： 引入适合年龄的抗阻力训练，如跳跃、体重训练和简单的力量练习（如深蹲、俯卧撑）。
目标： 促进骨骼密度和强度，增强肌肉与骨骼的协同作用，预防骨质疏松和关节问题。

柔韧性训练
训练方式： 结合拉伸和瑜伽等活动，增强关节周围肌肉的柔韧性。
目标： 提升关节的活动范围，减少受伤风险，促进整体身体协调性。

负重运动
训练方式： 鼓励参与跑步、跳绳、篮球、足球等需要承受体重的运动。
目标： 刺激骨骼生长，增强骨骼结构，提升关节的稳定性和灵活性。

定期体检与监测
监测方式： 安排定期的骨密度和关节健康检查，及时发现潜在问题。
目标： 确保训练的安全性，有针对性地调整训练计划，促进骨骼与关节的健康发展。

▲ 图2-5　促进骨骼与关节健康的运动方式

4. 身体姿态

　　青春期是人体生长发育和身体姿态塑造的关键阶段。近年来，随着现代生活方式的改变，不良坐姿成为困扰青少年健康的一个重要因素。除病理性原因外，不良的生活习惯和青少年对身体姿态概念的缺乏是导致异常体姿的主要原因。2012—2013年的一项调查显示，约60%的北京市中学生有颈肩部痛的症状，我国青少年的颈椎病发病率高达10%。

　　针对青少年已发生的异常体姿，加强体育锻炼是控制其进一步发展的有效手段。相关研究指出，瑜伽、太极拳和体育舞蹈等运动项目可提高柔韧素质、平衡素质和肌肉力量，对改善青少年的身体姿态具有积极作用。还有研究显示，针对人体不同身体素质的力量、柔韧性、核心稳定性、肌肉平衡、关节稳定性等训练都能在一定程度上有效预防损伤和纠正不良身体姿态。例如，核心力量练习可以提高身体的本体感觉和深层肌肉的控制能力；力量练习可以矫正不良身体姿态导致的肌肉变弱和拉长，恢复肌肉力量的平衡。

（二）生理机能

心肺系统的成熟与完善是生长发育过程中另一个关键。心肺耐力指机体在中等及以上强度运动中持续供氧并有效利用氧气的能力，主要由心脏、肺脏及循环系统的综合功能决定。青少年时期，心肌纤维在运动刺激下逐渐增厚，心脏体积与心肌厚度提高，增强了每搏输出量（Stroke Volume）与心排出量（Cardiac Output），从而提升运动经济性与耐力水平。有氧运动能够提高肺活量（Vital Capacity）及肺泡通气能力，增强气体交换效率。这一过程不仅优化了运动期间的氧气摄取与二氧化碳排出，还提高了个体在日常生活中应对体力活动的能力。此外，心肺功能的提升形成一个良性循环：更高的心肺耐力能够支持更多的运动实践，进一步促进心肺系统的适应性调整（图2-6）。

促进心肺健康的运动方式

有氧运动
训练方式：鼓励参与跑步、游泳、骑自行车、跳舞等有氧运动。
目标：增强心肺功能，提升耐力和整体体能水平。

心率监测
训练方式：在训练过程中使用心率监测设备，确保运动强度处于适宜范围。
目标：避免过度负荷，确保运动的安全性和有效性。

间歇训练
训练方式：结合高强度间歇训练（HIIT）。如短跑与慢跑交替进行。
目标：提升心肺效率，增强心脏和肺部的适应能力，提高运动表现。

持续性训练
训练方式：确保运动的连续性，避免长时间的中断，保持规律的训练频率。
目标：维持和提升心肺健康，防止因中断训练导致的体能下降。

▲ 图2-6　　　　　　　促进心肺健康的运动方式

心肺耐力的提升与免疫功能的优化密切相关（图2-7）。适量的有氧运动可促进免疫细胞亚群（如T淋巴细胞、B淋巴细胞及自然杀伤细胞）的平衡与活性，增强其对病原体的识别与清除能力。此外，运动通过调节细胞因子（如IL-6、IL-10）的分泌，维持免疫系统的稳态。规律运动的青少年患普通感冒和上呼吸道感染的概率较低，且感染后的恢复速度更快。这一方面归因于运动改善了循环系统对免疫细胞的运送效率，使其更易抵达病原体入侵部位；另一方面，运动能够缓解因学业压力、营养不足与环境污染等因素引发的潜在免疫抑制效应，保持整体免疫水平在理想范围内。

促进免疫功能提升的运动方式

多样化训练
训练方式：结合有氧、力量和柔韧性训练，设计全面的运动计划。
目标：全面提升身体素质，增强免疫力，促进整体健康。

充足睡眠
训练方式：确保儿童青少年每天获得充足的睡眠（7~9小时）。
目标：支持免疫系统的正常功能，促进身体的恢复与成长。

规律运动
训练方式：保持每周至少3次的运动，如散步、游泳、骑自行车等。
目标：增强免疫系统功能，减少感染风险，提高身体抵抗力。

均衡饮食
训练方式：提供富含维生素、矿物质和抗氧化剂的饮食，确保营养均衡。
目标：为免疫系统提供必要的营养支持，促进整体健康和免疫功能的正常运作。

▲ 图 2-7　促进免疫功能提升的运动方式

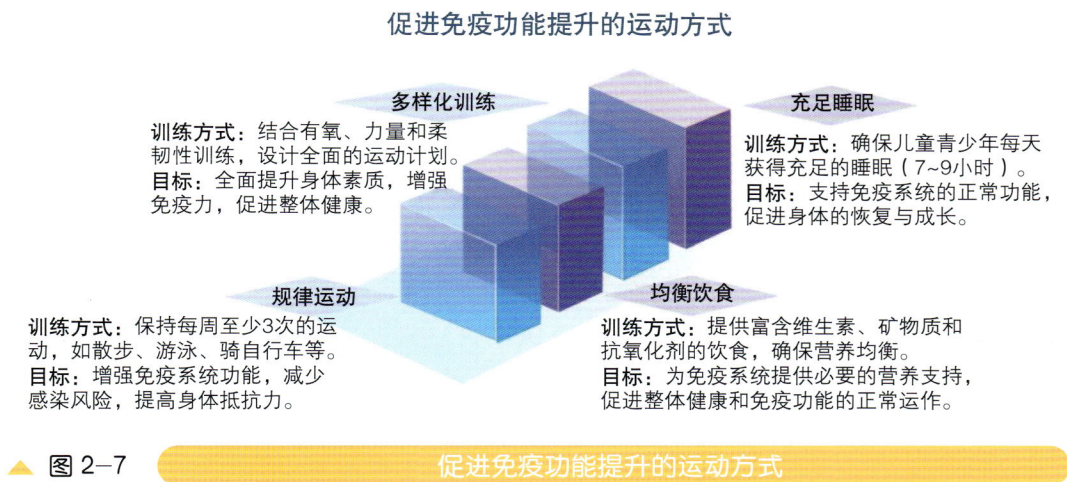

1. 呼吸系统机能

儿童青少年时期是人体生长发育的关键阶段，其中呼吸系统的发育对整体健康和运动能力有着深远的影响。近年来，越来越多的研究开始关注运动对儿童青少年呼吸系统机能的积极作用，这些研究揭示了运动如何通过增强呼吸肌力量、提高肺活量、改善肺通气和换气功能，以及增强免疫系统功能等方面，对儿童青少年的呼吸系统产生正面影响。具体而言，有研究表明，规律的运动能够促进儿童青少年呼吸系统的长期适应，包括肺通气功能的增强和肺换气功能的改善。这些适应性变化有助于提高氧气的输送效率，增强儿童青少年在进行体力活动时的身体性能，并且减少呼吸系统疾病的发生风险。此外，运动还能够通过增强免疫系统的功能，减少呼吸道感染的风险，这对于儿童青少年的健康成长尤为重要。因此，鼓励儿童青少年参与适量的体育活动，不仅能够促进其呼吸系统的健康，还能够提高其整体的生活质量。

2. 循环系统机能

在运动过程中，循环系统扮演着非常重要的角色，它能够将氧气和养分输送给身体各个部位，并将代谢产物带走，确保身体正常运转。同时，运动还能通过提高心排血量、增强心肌收缩力、改善血管内皮功能等多种机制，对儿童青少年的循环系统机能产生积极影响。研究指出，参与游泳、足球等有氧运动的儿童青少年，其心血管系统在长期锻炼下不断强化，能够更好地支持机体的代谢需求，无论是在运动时还是静息状态下都有助于提高代谢效率。

3. 免疫及内分泌系统、代谢机能

运动对儿童青少年免疫系统的促进作用已得到广泛报道。研究表明，适度运动对心理健康的益处也对免疫系统的健康产生积极影响。运动能够缓解压力和焦虑，促进内啡肽的分泌，改善情绪，从而有助于保持免疫系统的正常功能。然而，过度的高强度运动可能对免疫系统产生负面影响，长时间的高强度运动会导致免疫系统的抑制，使机体更容易感染和生病。

运动对儿童青少年内分泌系统的影响是多方面的。首先，运动能够刺激脑垂体分泌生长激素、甲状腺素、性激素等，增强各内分泌腺功能，从而促进身体发育。有研究表明，一次性持续 90 分钟中等强度的运动，生长激素的分泌量要比安静时增加 2 倍。如白天从事适当的体育锻炼，夜晚时，生长激素的分泌量会更多。这表明适当运动能够显著提升生长激素的分泌，对儿童青少年的生长发育具有积极影响（图 2-8）。

其次，运动能够影响儿童青少年的糖类代谢、脂肪代谢以及蛋白质代谢等。研究显示，通过反复的运动锻炼，尤其是像短跑、骑自行车等涉及糖原分解供能的运动，会刺激儿童青少年体内肝脏和肌肉中的糖原合成增加。此外，规律运动有助于调节血脂代谢，降低血液中的甘油三酯、低密度脂蛋白胆固醇的水平。

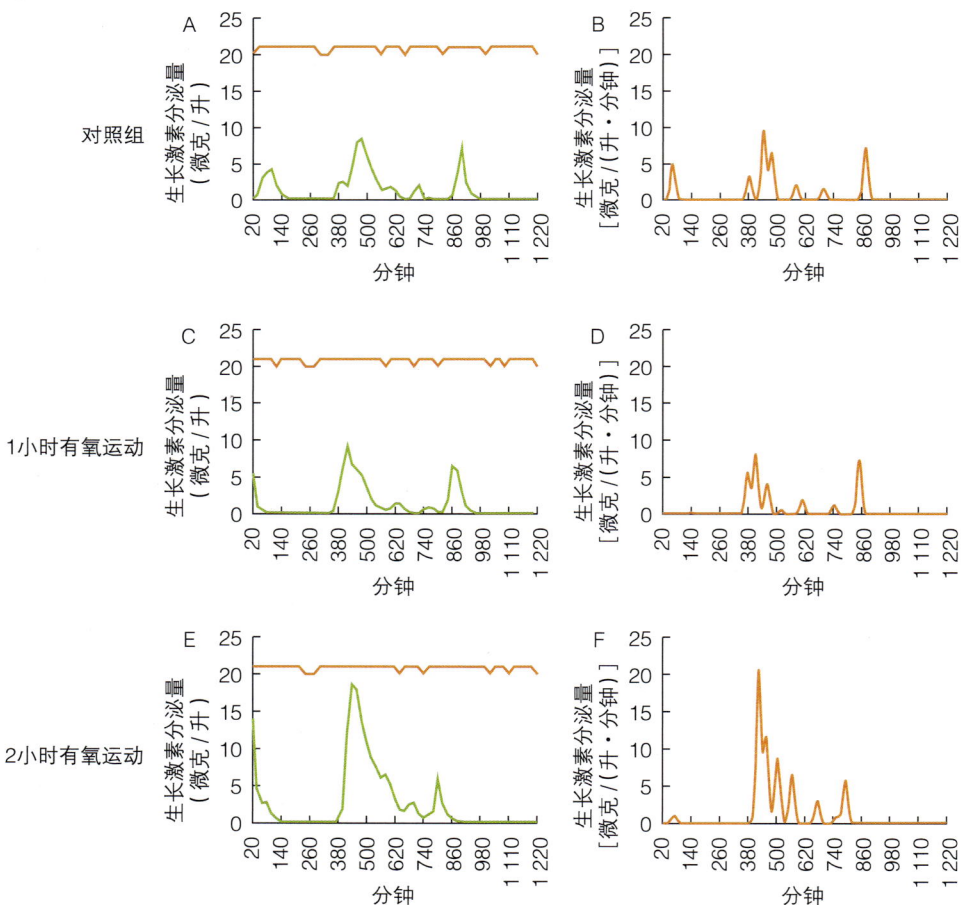

▲ 图 2-8　　运动对儿童青少年生长激素分泌的影响

4. 神经系统机能

运动引起的中枢神经系统改善，如突触可塑性和海马神经发生被认为在增强认知功能、学习和记忆等方面发挥关键作用。一项纳入 15 篇研究的 Meta 分析显示，体育锻炼显著减少了儿童青少年抑郁症（$SMD=-0.64$，95%CI-0.89，-0.39，$P<0.01$）。特别是对于有抑郁症状的儿童青少年，持续 8 周、每次 75~120 分钟、每周 3 次的有氧运动效果最佳。对于有焦虑问题的儿童青少年，运动干预也显示出良好的效果。多项 RCT 显示，HIIT 和瑜伽等运动形式，能够有效减轻儿童青少年的焦虑水平（图 2-9）。综上所述，体育运动对大脑的影响效益体现在提高神经系统中细胞、分子和神经回路的机能以及改变大脑结构和功能连接等多方面，在提高儿童青少年认知功能上起到了重要作用。

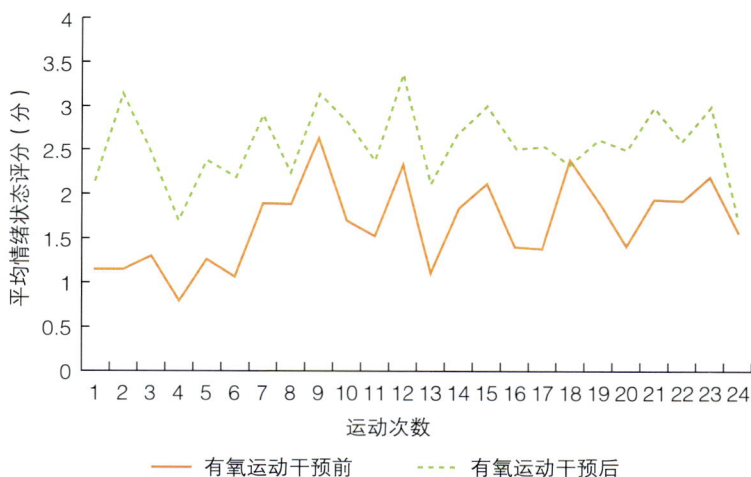

▲ 图 2-9　有氧运动干预前后的平均情绪状态评分

5. 消化系统机能

适度的运动能够增强儿童青少年的胃肠蠕动功能并刺激消化液分泌。研究显示，运动能够促进全身血液循环，包括胃肠道区域的血液流动，从而加强胃肠道平滑肌的蠕动，推动食物在消化系统中的流动，加快消化过程。其次，适度的身体活动可以刺激胃壁细胞分泌胃酸、胰腺分泌胰液、胆囊释放胆汁等，这些消化液在食物的消化过程中起着至关重要的作用。

6. 感觉机能

儿童青少年时期是感觉机能不断发展和完善的重要阶段，感觉机能涵盖了视觉、听觉、触觉、本体感觉等多个方面，它们共同作用，帮助儿童青少年感知周围环境、协调身体动作以及进行学习和社交等活动。有研究表明，经常从事体育锻炼可使儿童青少年大脑皮质兴奋性增强，抑制加深，兴奋和抑制更加集中，神经过程的灵活性提高，进而能提高运动和工作效率及对外界环境的适应力。运动还可促进全身血液循环，如眼部。良好的眼部血液循环可以为视网膜等眼部组织提供充足的氧气和营养物质，有助于维持儿童青少年正常的视觉功能。

（三）身体素质

身体素质是评估个体整体体能与功能储备的多维指标，涵盖力量、柔韧性、协调性、耐力、心肺功能、速度与灵敏性等方面。这些素质共同决定了个体在应对环境挑战、掌握复杂运动技能以及维持健康状态时的表现与适应能力。科学、系统且个性化的训练干预，能够在神经－肌肉协调、代谢效率、组织结构稳健性及心理适应等多个层面产生积极的生理与心理变化，从而全面提升身体素质和生活质量。

1. 力量素质

力量素质是速度、耐力、灵敏、协调、平衡等各项身体素质的基础。良好的力量素质是身体健康的重要保证，如果肌肉力量薄弱，没有足够的力量支撑各个运动环节进行快速或长时间的运动，发展其他身体素质都是空谈。对于处于身体快速发育期的儿童青少年，力量素质不仅仅是进行各项运动的保障，更是儿童青少年健康成长的基石。

2. 速度素质

速度素质是一切体育运动的核心，速度素质对儿童青少年的健康成长也具有重要意义，如较快的位移速度有助于快速躲避危险，快速的反应速度能够帮助身体快速调整姿势保持平衡，这些都说明速度素质有助于儿童青少年进行自我保护。

速度素质是人体各种素质的综合体现。第一，较好的肌肉爆发力是速度素质的基础，爆发力是速度和力量的总和，是机体克服阻力快速做功的能力。第二，速度素质与神经系统的调节能力密切相关。儿童青少年在 6~12 岁时反应速度提升幅度快，在 12 岁时反应速度达到第一次高峰点。第三，单纯的位移速度与步频和步幅有关，跑动时两腿交替移动的频率快，迈步的幅度大，则速度快。

3. 耐力素质

儿童青少年体质下降已经是全球性的问题，其中耐力素质的下降尤为显著。有氧耐力在生命全周期中都占有重要的地位，这不仅是儿童青少年成长中的基本素质，也是成年后抵御各种慢性非传染性疾病（如肥胖、冠心病、高血压、糖尿病、血脂代谢异常等）的核心素质。因此，在儿童青少年时期打造良好的有氧耐力，是维持生命质量的重要保障。此外，肌肉耐力是肌肉重复工作的能力，肌肉耐力素质好的人可以长时间重复工作而不致过度疲劳，降低损伤风险。

4.柔韧素质

柔韧性是人体基本的体能，决定了人体维持一个运动或运动时各种动作的舒展与协调程度。因此，对于儿童青少年而言，良好的柔韧性是正确掌握动作要领和达到动作要求的重要条件。柔韧性的提高，可以有效提高运动能力，减少运动伤害，增强身体的灵活性。

儿童青少年处于生长发育时期，柔韧性的变化总体上呈现随年龄增加而提升的趋势。但是在每个年龄段的增长速度不尽相同，男女生之间也存在较大幅度的差异性。

5.灵敏素质

灵敏性是指人体在变换的环境中，迅速改变位置、变换动作的能力，其目的是适应外界环境变化或者主动影响环境的变化。灵敏性与认识、感觉、神经肌肉系统和身体形态等因素有关，儿童青少年灵敏素质的发展对其运动能力的发展有重要的影响。灵敏性的定义及构成的复杂性决定了发展灵敏性的训练方法也应当是综合性的，并且宜在儿童青少年时期尽早开始进行。

6.协调素质

协调性是指身体作用肌群的时机正确、动作方向及速度恰当、平衡稳定且有韵律性。协调性不仅与遗传因素有关，还与肌肉力量、肌肉耐力、速度和速度耐力、平衡、柔韧、灵敏及肌肉放松与收缩等有关。由于神经系统发育较早，协调性训练也宜尽早启动。

7.平衡素质

平衡能力是预防伤害、维护健康的基本能力。失去平衡，意味着产生风险和身体损伤。据统计，儿童青少年所遭受的身体伤害，很多与平衡能力差有关。因此，通过练习，可以保证人体始终可以从非平衡的状态通过自身平衡能力的调节，使自己重新恢复平衡的状态。所以，平衡能力是儿童青少年健康成长不可或缺的一种能力。

（四）不同阶段儿童青少年的训练指导

1.儿童的趣味性训练与体能提升

儿童（7~12岁）处于快速生长发育期，此阶段的训练应注重趣味性、基础技能的培养，并确保训练的安全性与有效性。适度的有氧运动，如跳绳、骑自行车和游泳，以及基础的力量训练，如体重训练和游戏化活动，能够促进骨骼和肌肉的健康发育，同时增强心肺功能和协调性。

在此阶段，训练方式应通过游戏和多样化的活动进行，这样既能维持儿童对运动的兴趣，又能逐步提升其体能水平。训练强度应循序渐进，避免过度负荷，确保儿童在运动过程中体验乐趣的同时，有效提升身体素质。通过渐进的训练，儿童的体能将得到全面提升，包括增强肌肉力量、柔韧性、协调性和心肺功能。

2. 青少年的系统训练与运动表现优化

青少年（13~18岁）在身体素质的提升上具有更高的训练需求和能力。此阶段的训练应更加系统化和专业化，注重力量与耐力的结合，以及复杂技能的培养。渐进式的阻力训练（如深蹲、硬拉、卧推）结合有氧运动（如慢跑、游泳、骑自行车），有助于提升力量与心肺功能。

青少年阶段的训练还应包括灵敏性训练，如短跑、灵敏梯训练和变向跑步等，能够有效提升速度和反应能力。此外，青少年阶段的训练也需重视恢复与营养，确保充足的蛋白质摄入和合理的休息，以促进肌肉的修复与增长，并增强整体运动表现和身体素质（图2-10）。

跳绳游戏	障碍赛跑	球类	舞蹈与韵律操	体操与平衡训练

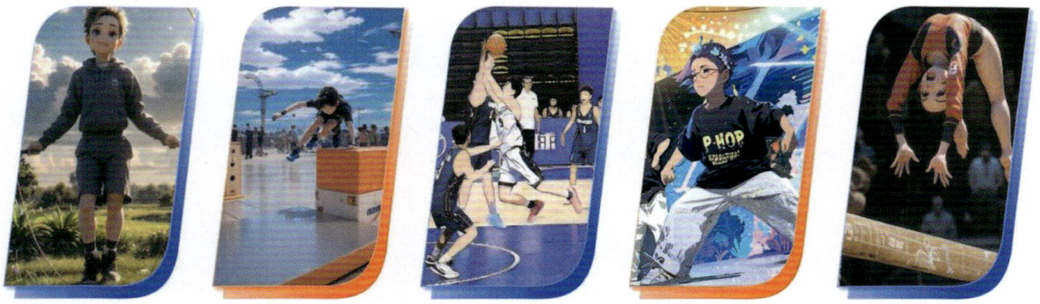

目标：提升耐力与心肺功能

训练方式：利用单人跳绳提高耐力与心肺功能，通过双人跳绳与花式跳绳训练促进协调性发展。

目标：增强灵敏性、平衡能力与爆发力

训练方式：设置障碍跑道，结合快速冲刺与变向训练，提高灵敏性、平衡控制及下肢爆发力。

目标：提高反应速度与团队协作能力

训练方式：通过分组对抗与小型竞赛，强化手眼协调与快速决策能力，增强团队协作水平。

目标：改善柔韧性与动作节奏感

训练方式：利用音乐节奏指导舞蹈与韵律操训练，提升身体柔韧性与动作协调性。

目标：增强核心力量与身体控制能力

训练方式：通过平衡木训练强化平衡能力，结合俯卧撑和平板支撑等核心力量练习，提高身体控制精确度。

▲ 图2-10　不同运动形式与训练方法的健身目标

3.综合效应与身心健康

无论是儿童还是青少年，身体素质的提升都对身心健康产生积极影响。力量、柔韧性、耐力和速度的全面提升增强了体能并促进了运动表现，同时改善了心理健康状况，提升了自我效能感与情绪稳定性。科学的训练和健康的生活方式帮助儿童青少年有效应对学业和社交压力，培养良好的运动习惯，进而提高生活质量、延长健康寿命。

通过系统性训练，个体的身体素质得以全面提升，进而改善体能水平、认知功能、心理发展和社交互动等。这为身心健康和长期健康管理奠定了坚实的基础。

4.总结与建议

（1）针对儿童的建议

① 采用游戏化和趣味性训练方式。通过富有创意的游戏与多样化的活动设计，保持训练的趣味性和吸引力，确保儿童在锻炼过程中获得乐趣，激发其对运动的长期兴趣，避免因训练形式单一而导致的枯燥感。

② 逐步增加训练量。根据儿童的生长发育规律与体能水平，循序渐进地提升训练强度和时长，避免超负荷训练与运动伤害，同时确保每次训练后有足够的恢复时间，促进身体的生长发育。

③ 注重基础技能与多样化运动。通过多样化运动形式，促进儿童各项身体素质的协调发展，强化力量、耐力、柔韧性与灵活性，培养其综合体能。同时，帮助儿童养成良好的运动习惯和健康的生活方式。

（2）针对青少年的建议（图2-11、图2-12）

① 制定系统化和渐进性的训练计划。根据青少年的生理特点与运动能力，设计科学且合理的训练计划。训练内容应涵盖力量、耐力、灵敏性、协调性等多个方面，训练强度与难度应逐步递增，确保训练的系统性与全面性，避免过早进行高强度训练或过度单一的训练内容，从而避免身体的过度负荷。

② 确保专业指导与适当恢复。在专业教练的指导下进行训练，确保动作标准性与训练效果的最大化。青少年处于生长发育阶段，科学指导有助于减少运动损伤并促其达到最佳训练效果。此外，训练计划应结合合理的恢复与营养策略，重视休息和肌肉恢复，确保充足的蛋白质摄入，以支持肌肉修复与生长，进一步提升训练成效。

儿童（7～12岁）

全面提升身体素质，促进身心全面健康

强化身体素质，培养良好的运动习惯

支持骨骼和肌肉健康发育，提升协调性与心肺功能

通过多样化活动，促进身体素质和协调性的全面发展

关注基础能力的培养，确保训练的趣味性与安全性

目标群体

训练原则

目标原则

训练效果

训练效果总结

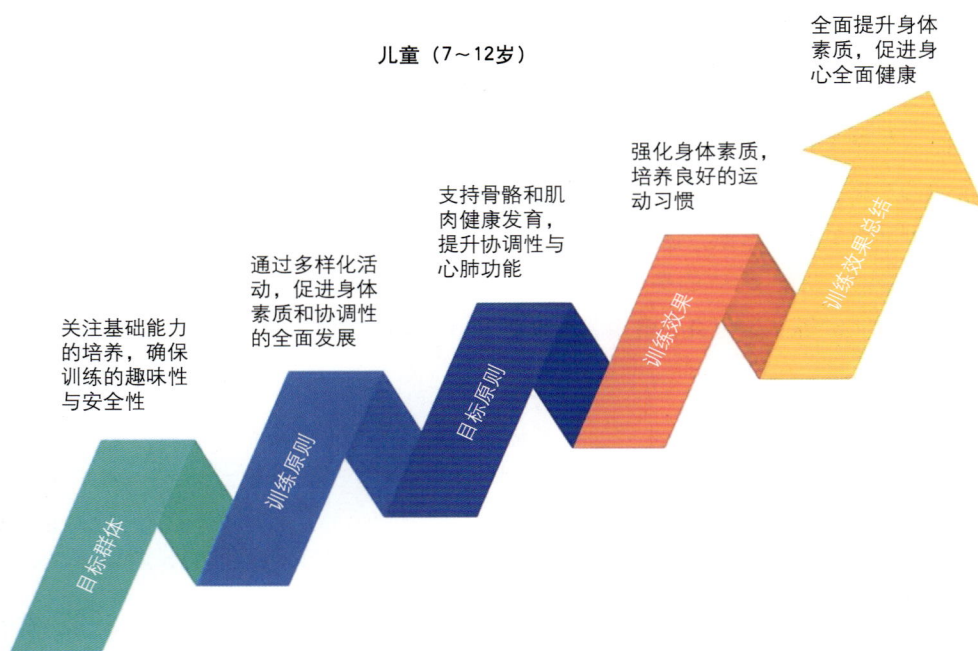

▲ 图 2-11　　7～12岁儿童运动发展目标与训练指导

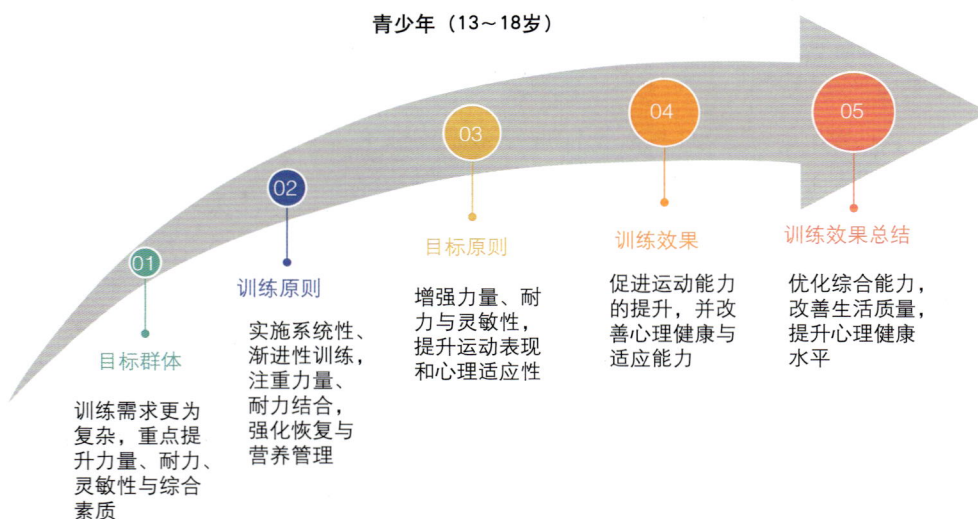

青少年（13～18岁）

01 目标群体
训练需求更为复杂，重点提升力量、耐力、灵敏性与综合素质

02 训练原则
实施系统性、渐进性训练，注重力量、耐力结合，强化恢复与营养管理

03 目标原则
增强力量、耐力与灵敏性，提升运动表现和心理适应性

04 训练效果
促进运动能力的提升，并改善心理健康与适应能力

05 训练效果总结
优化综合能力，改善生活质量，提升心理健康水平

▲ 图 2-12　　13～18岁青少年运动发展目标与训练指导

　　通过科学、系统的训练和健康的生活方式，儿童与青少年可以在不同的发展阶段实现身体素质的全面提升，促进身心健康，提升生活质量并延长健康寿命。

二、

科学运动促进心理健康

（一）运动与积极心理品质塑造

运动健身不仅增强人的体格、提升身体机能，也能磨炼人的意志、锤炼人的精神。这种锻炼能够帮助人们增强意志品格，从精神层面提升耐受力、抗压力，储备起强大的"心理能量"，让人在应对困难时更为自信从容、勇敢坚定。从这个角度讲，运动不仅为身体赋能，也在为精神赋能。和成人相似，儿童青少年成长和学习过程中常常面对来自学业、人际关系等多方面的压力。在应对和处理过程中会消耗大量身体和心理能量。而运动则是增强身体和心理能量的法宝。

1. 运动提高抗挫折能力和情绪稳定性

运动可以有效缓解这些压力，提高儿童青少年的心理适应能力和抗压能力。运动促进大脑释放多巴胺等神经递质，使人感到愉悦和放松，缓解焦虑、抑郁等负面情绪。

2. 运动促进自我认知和自信心

运动能够促进儿童青少年对自我认知的提升，并增强他们的自信心。在运动中，儿童青少年需要不断挑战自我、克服困难，这种过程可以让他们更加了解自己的潜力和能力。通过不断地锻炼和提高，儿童青少年会逐渐建立起自信心和自尊心，增强自我价值感，这样有利于他们更好地应对生活中的各种挑战和困难。

3. 运动塑造道德品质和价值观

在运动中，儿童青少年需要遵守规则、尊重对手、尊重裁判，具备良好的体育道德品质。通过参与运动，可以培养儿童青少年的团队合作精神、公平竞争意识和责任感，让他们学会尊重他人、团结协作，不断提升自己的道德修养和社会责任感。

4. 运动提高合作能力和领导力

团体运动项目具有高度的社会互动性和情感挑战，儿童青少年在参与过程中可培养团队合作能力、领导力、情商、规则意识以及解决复杂问题的能力。同时，在长期参与的过程中，儿童青少年可以培养自己更好的表达情绪和调节情绪状态的能力。

5. 中等至高强度运动对儿童青少年最有益

规律地参加中等至高强度运动对塑造儿童青少年积极心理品质的益处最大、最明显。

（二）情绪障碍群体的运动指导

1. 焦虑与抑郁

焦虑症是以过度担忧和恐惧为特征，可能表现为对日常事务的过度担忧，如害怕黑暗、与亲人分离等。抑郁症表现为持续的情绪低落、兴趣丧失、自我价值感降低，可能出现自杀念头。以上两种情绪障碍在青少年群体中最常见。这些心理障碍不仅给患者带来了巨大的精神痛苦，还可能对他们的日常生活、工作和社交功能产生严重影响。除了传统的心理治疗和药物治疗外，运动作为一种自然、无副作用且易于实施的干预方式，被越来越多地证明对缓解焦虑和抑郁症状具有显著效果

（1）适合焦虑与抑郁障碍群体的运动类型：

① 有氧运动：如跑步、游泳、骑自行车等，每周至少进行 150 分钟的中等强度有氧运动，或者 75 分钟的高强度有氧运动。有氧运动可以提高心率和呼吸频率，促进大脑分泌内啡肽等神经递质，从而改善情绪状态。

② 力量训练：使用哑铃、弹力带或进行自重训练，如俯卧撑、深蹲等。力量训练可以增强肌肉力量和耐力，提升自信心和身体控制感。建议每周进行至少 3 天的力量训练，每个动作重复 10~15 次，进行 2~4 组。

③ 瑜伽和普拉提：这些运动结合了身体姿势、呼吸练习和冥想元素，有助于放松身心，减轻焦虑和抑郁症状。参加瑜伽或普拉提课程，或者在家中进行练习，每周进行 2~3 次，每次持续 30~60 分钟。

④ 远足和户外活动：在自然环境中进行远足或散步，可以减轻焦虑感，提升心理健康水平。每天进行 20 分钟的"森林浴"（即在树林里散步）。

（2）注意事项：

① 安全第一：从较低强度的运动开始，逐渐增加活动时间和强度。运动前应进行适当热身，运动后应注意放松，避免受伤。

② 避免过度疲劳：不要一开始就进行高强度、长时间的运动，应根据自己的身体状况和运动能力逐渐增加运动的强度和时间。如果在运动过程中出现不适或疼痛，应立即停止运动。

③ 注意补水：在运动前、中、后都应注意补水，尤其是在进行长时间或高强度运动时。

④ 注意药物影响：某些精神类药物可能会影响身体的反应能力，如导致眩晕、行动迟缓和协调性下降等。在开始新的运动计划前，应咨询医生，了解药物可能对运动产生的影响。

⑤ 结合心理调节：运动不仅仅是身体的锻炼，也是心理调节的过程。在运动过程中，可以尝试专注于自己的呼吸和身体感受，排除杂念，让身心得到充分的放松。

⑥ 寻求专业指导：如果可能，寻求专业的运动指导或参加有专业指导的运动课程，确保运动的正确性和安全性。

⑦ 坚持长期规律运动：运动对焦虑和抑郁症状的改善需要长期坚持，建议将运动纳入日常生活，形成规律的运动习惯。

2. 双相情感障碍

双相情感障碍，又称躁郁症，是一种精神疾病。患者会经历情绪高涨（躁狂期）和情绪低落（抑郁期）两个极端。运动作为一种非药物治疗方法，已被证明对双相情感障碍患者具有显著的益处。

适合双相情感障碍的运动项目与焦虑与抑郁群体相似。但是要注意强度，在躁狂期，患者可以选择低强度的运动，如散步、瑜伽等，以稳定情绪；在抑郁期，则可以选择中等强度的运动，如慢跑、游泳等，以改善情绪状态。要避免过度激烈的运动，以免加剧情绪波动。每次运动时间建议不超过一小时。

（1）注意事项：

① 避免过度劳累：患者的身体和心理都比较脆弱，因此要避免过度劳累。如果感到疲劳或不适，应立即停止运动。

② 避免过度运动：双相情感障碍患者更难忍受高强度的运动，因此应避免过度运动，以免加剧情绪波动，另外运动时避免听节奏过强的音乐，以免引起情绪激动。

③ 保持规律的运动时间：养成良好的运动习惯，每周至少进行 3~5 次运动，每次持续30 分钟以上。保持运动的规律性有助于稳定情绪。

④ 避免单独运动：尽量与家人或朋友一起运动，以便在遇到问题时得到及时的帮助和支持。同时，团体运动也有助于增加社交互动，提升正面情绪。

⑤ 生活方式的调整：保持规律的作息时间，有助于稳定生物钟，减少情绪波动。饮食

应清淡、均衡，避免过多摄入刺激性食物和饮料（避免喝酒，也不要喝浓茶咖啡）。

（三）年龄差异化运动指导

不同人群的运动能力有所差异，为提高不同年龄段人群的运动效果，降低运动风险，制定有针对性的年龄差异化运动指导具有重要意义。本书根据年龄差异将儿童青少年分为幼儿、儿童和青少年三个阶段。

1. 幼儿阶段——兴趣培养阶段（3 ~ 6 岁）

每个幼儿在运动能力上存在个体差异，这主要受年龄、性别、兴趣和家庭环境等因素影响。遵循支持性、趣味性、多样性的原则，多进行户外运动。平均每天至少参加 60 分钟中等至高强度运动，而包括低、中、高在内不同强度身体活动时间每天累积至少 180 分钟。在指导幼儿运动时，应考虑他们的生理和心理特点，设置适合不同发展水平的活动。可以设置难易程度不同的活动场景，使每个孩子都能找到适合自己的运动项目。

鼓励家长、教师和保育员：

① 最大化让幼儿参与不同类型和活动形式的运动，提高运动多样性。

② 设计活动方案时，重视参与和体验的过程，而非成功的结果，提升幼儿自信心。

③ 重视幼儿在运动中的乐趣，提高幼儿持续参与运动的兴趣和动力。

2. 儿童阶段——习惯养成阶段（7 ~ 12 岁）

对于儿童，运动方式的选择对其体质健康有显著影响，在幼儿培养兴趣阶段后可以逐步导向习惯养成，发展速度、耐力、力量、协调（平衡）和灵敏。可通过适当增加儿童参与中等至高强度运动的时间，平均每天至少参加 60 分钟中等至高强度运动，有效改善儿童身体、心理和认知健康。

促进体育活动的同时需要减少久坐行为。在久坐行为习惯中，父母干预可能是增加儿童身体活动与减少久坐行为的关键。在学校环境中，久坐行为与学校安排的课程有着重要的关系，因此在学校应由教师适时打断其久坐行为。

3. 青少年阶段——意识养成（13 ~ 18 岁）

在青少年阶段，平均每天至少参加 60 分钟中等至高强度运动。除了足量的有氧运动外，还建议每周进行 2 天或者更多涉及主要肌肉群的肌肉强化活动，肌肉强化和有氧运动均可以减少抑郁症状。

建议每周进行一些用于休闲或交流的体育活动，蓝色空间（例如海洋）与更高的幸福感相关，进一步表明亲近大自然很重要，可以提高心理健康状况不佳的人的身体活动依从性和幸福感。在休闲时间或旅行中可以加入一些体育活动，尽可能考虑个人喜欢的活动方式，这样也有利于心理健康。

另外，注意尽量减少以休闲娱乐为目的的屏幕类电子产品使用时间。

（四）注意事项

1．一般性原则

通过运动促进学生心理健康时，重要的是认真分析学生的个体差异，并根据这些差异提供针对性的运动指导。这有助于学生积极参与体育活动，从而在运动中得到最大益处。

2．安全第一

儿童青少年处于成长发育阶段，因此保护他们的安全至关重要。运动方案应避免涉及高风险动作、过大负荷或重复性运动的活动。应始终督促学生参加体育活动，并提供适当的防护装备。

3．适龄活动

不同的年龄组需要不同的运动类型。学龄前儿童应专注于发展基本运动技能，例如跑、跳、投掷和捕捉。学龄期儿童和青少年可以参与更具结构化和竞争性的运动。

4．享受乐趣

运动应该是有趣的，儿童青少年应该享受他们参与的活动。运动处方应该鼓励他们选择自己喜欢的活动，并创造一个积极和支持性的环境。

5．监测和评估

儿童青少年的运动处方应定期监测和评估，以确保其有效性和安全性。这包括跟踪他们的进步、健康状况和运动表现。如有必要，应根据评估结果及时调整运动处方。

6．循序渐进

儿童青少年的身体正在不断发育，他们的运动能力也在不断提高。运动处方应根据他们的当前能力进行调整，并随着时间的推移逐渐增加强度和持续时间。避免突然增加运动量，以防止其受伤。

三、
认知能力是身心健康指标

（一）当前的认知研究概况

认知是人脑通过处理加工所接收到的外界信息，进一步将其转换为内在的心理活动，从而获取知识或应用知识的过程。按照认知任务的复杂性，可分为感觉、知觉、注意等基本认知能力，以及学习、记忆、思维、语言等高级认知能力。认知的基础是大脑皮层的正常功能，Brodmann 根据大脑的形态特征将大脑皮层分为 52 个功能区（图 2-13），并提出大脑的皮层形态区分别执行不同功能的理论，如注意相关脑区位于脑干网状激活系统（RAS）、中脑上丘等；语言相关脑区位于额下回、颞上回等；记忆相关脑区位于内侧颞叶（海马系统）、前额叶皮质等。早在 1998 年，Schmahmann 和 Sherman 曾提出小脑也参与认知功能，现在关于小脑在认知功能中的神经网络机制研究逐渐增多，证实小脑在认知功能中的确有着重要地位。小脑通过与大脑皮层的神经网络连接，对人类的视空间、注意、执行、工作记忆、语言等高级认知神经功能产生影响。Georgios.PD 以及 Argyropoulos 等学者研究证实，小脑可调节注意力、语言功能、执行功能及情感控制，与认知功能密切相关。小脑可通过大脑—小脑环路参与到脑网络中，从而调控认知功能。

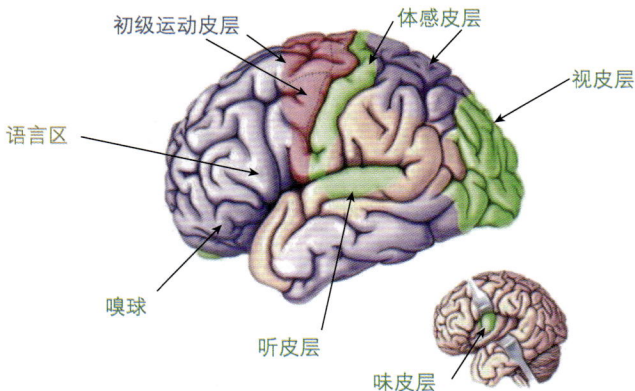

初级运动皮层　体感皮层　视皮层　语言区　嗅球　听皮层　味皮层

▲ 图 2-13　大脑功能分区

早期的评估工具主要采用如 Woodcock‐Johnson（WJ）Ⅳ认知能力评估量表和韦氏记忆测验（WMS）等量表，近代随着科学技术的发展，核磁共振成像（MRI）、脑波谱分析或功能性近红外光谱（fNIRS）（图 2-14）等智能化设备的使用，可以对大脑活动时脑部神经元、氧合血红蛋白和脱氧血红蛋白等的变化情况进行量化分析，从而更加准确地对被测人员的认知状态进行评估和预测。在近 10 年来的研究中，利用功能性核磁共振（fMRI）（图 2-15）对大脑认知功能的研究集中在额上回、额中回、额下回、缘上回、颞上回、颞中回等一系列脑区。随着基于 fNIRS 的研究的深入，逐步揭示了与认知功能相关的学习、记忆、言语、计算等与各脑区血流代谢的关系。

▲ 图 2-14　功能性近红外光谱（fNIRS）

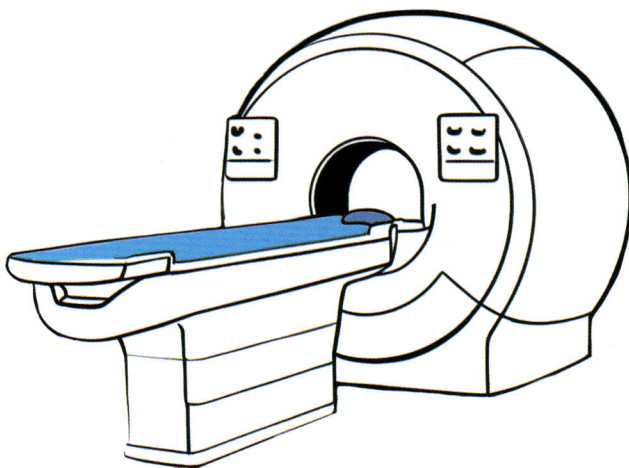

▲ 图 2-15　功能性核磁共振（fMRI）

近年来，科学研究不断揭示运动与大脑功能之间的紧密联系。多项研究证明运动能够使大脑神经网络得到加强（图 2-16），从而改善认知功能，提升学习能力。有学者借助于 fMRI、fNIRS 等手段，客观验证了运动能够促进认知功能的发展，随着这一领域的研究不断深入，有大批的研究成果表明不同形式、不同剧烈程度的运动可能通过多样的机制，达到改善认知的效果。如宋献赋通过对 7~8 岁儿童进行 8 周跆拳道运动干预，发现经过运动干预后的儿童注意力有所改善；张伟伟证明 12 周亲子武术运动干预对 4~6 岁儿童抑制控制和认知灵活性功能有改善作用；周龙峰等人对 4~5 岁儿童进行 18 周的身体运动功能训练之后，得出身体运动功能训练对儿童认知功能发展有促进作用。运动可以增加海马区神经干细胞的存活率，这是大脑中负责学习和记忆的关键区域；有氧运动和抗阻运动均可增加记忆力；较为复杂的灵敏性训练可以增加注意力；无论短期运动还是长期运动都可以改善认知，并且运动持续的时间越长，认知功能越好，也就是说保持长时间的运动习惯对于大脑的认知有益；对于何种运动强度更能提高大脑认知功能目前尚未有定论，其中观点较为一致的是中等强度运动最有利于改善认知能力。总而言之，与不运动相比，任何形式、程度（不超过身体负荷）的运动对认知功能来说都是有益的。

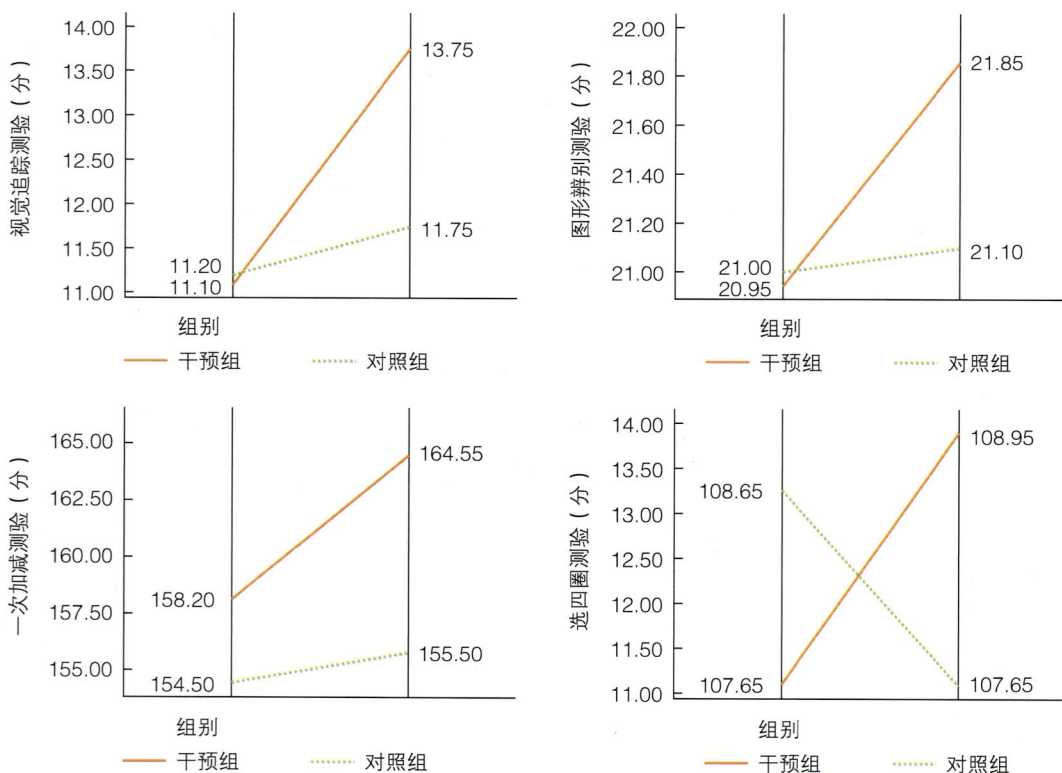

▲ 图 2-16　　运动改善大脑神经网络功能

（二）认知功能分类

认知是人类至关重要的心理活动之一，涉及个体对事物的认识与理解的心理过程，认知功能涵盖了从基础的自我与环境认识、感知、注意力集中、学习与记忆、思维到语言表达等各个方面。对于儿童青少年来说，其大脑认知功能正处于快速发育的过程中，并且认知功能在人的一生中都会展现出一系列的动态演变，因此，针对认知功能的深入研究和理解是极具学术价值和实践意义的。

1. 学习与记忆

学习是获取新信息的过程，其结果就是记忆。换言之，只有经过学习之后才会形成记忆，这种学习不止会在输入信息的重复刺激之后出现，也会在输入信息的单次呈现后形成。根据信息维持时间的长短，可将其分为感觉记忆、短时记忆和长时记忆。感觉记忆也称瞬时记忆，指当客观刺激停止作用后，感觉信息会在一个极短的时间内保存下来。短时记忆指人脑中信息在一分钟内加工与编码的记忆，是信息从感觉记忆到长时记忆的过渡阶段。长时记忆指信息经充分和一定深度加工后，在头脑中长时间存储的记忆。新生儿的记忆能力从出生后就开始发展，随着孩子成长，他们的记忆力逐渐提高，虽然他们还不能主动使用记忆技巧，但在成人的帮助下，他们学会了一些基本的记忆手段，比如模仿大人的话来记忆事物。到了学龄阶段，孩子们的记忆力显著提升，他们能够有条理地学习和吸收新知识，在儿童生长过程中，可能会表现出由学习障碍导致不同程度的学习困难，并不代表孩子不聪明（图2-17）。

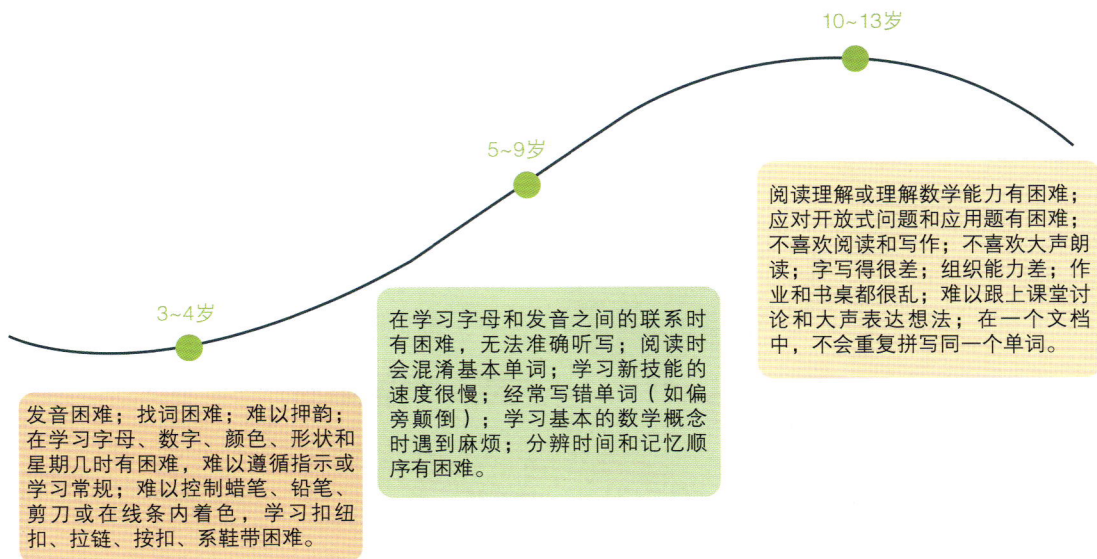

10~13岁

5~9岁

3~4岁

阅读理解或理解数学能力有困难；应对开放式问题和应用题有困难；不喜欢阅读和写作；不喜欢大声朗读；字写得很差；组织能力差；作业和书桌都很乱；难以跟上课堂讨论和大声表达想法；在一个文档中，不会重复拼写同一个单词。

在学习字母和发音之间的联系时有困难，无法准确听写；阅读时会混淆基本单词；学习新技能的速度很慢；经常写错单词（如偏旁颠倒）；学习基本的数学概念时遇到麻烦；分辨时间和记忆顺序有困难。

发音困难；找词困难；难以押韵；在学习字母、数字、颜色、形状和星期几时有困难，难以遵循指示或学习常规；难以控制蜡笔、铅笔、剪刀或在线条内着色，学习扣纽扣、拉链、按扣、系鞋带困难。

▲ 图 2-17　不同年龄段学习障碍的迹象

2. 注意力

注意力是指把心理活动和意识活动等指向和集中于某种特殊的内外环境刺激而不被其他刺激分散的能力。指向性是指由于感官容量的限制，心理活动不能同时指向所有的对象，只能选择某些对象而忽略另外一些对象。集中性是指心理活动能全神贯注地聚焦于所选择的对象上，表现在心理活动的紧张度和强度上。儿童的注意力自出生开始，随着不同阶段的发展得到不断提高，除了在注意力不同发展阶段表现出的一些特点外，针对年龄的不同阶段还具有不同特点，例如，刚出生的婴儿对周围一切事物的注意均属无意注意，但大约3个月时就能对某种新鲜事物保持短暂的注意；随着年龄的增长，2~3岁这一年龄段出现了有意注意的萌芽；5~6岁时，儿童的有意注意逐渐得到巩固，单向注意开始发展。当注意力的范围扩大，儿童对于注意力分配能力也会随之增强，并且各项感官的协调能力也明显增强。

3. 执行能力

执行功能是指导我们如何计划、组织、启动和完成任务，以及保持自我控制等活动的高阶认知能力，是指有效地启动并独立完成具有目的性、自我驱动的活动的能力。这个能力是由大脑的额叶区域——前额叶皮层所控制（图2-18），并由三个核心组成，即工作记忆、思维灵活性和自控力。执行功能通过三个功能的相互连接，使我们有能力高效地完成任务。执行功能的萌芽起始于婴幼儿期的早期阶段，但其完全成熟则需等到青壮年期，这一过程是逐步且缓慢的。学龄前儿童正处于执行功能发展的关键阶段，此时他们的执行功能将经历一次质的飞跃。通常情况下，执行功能的初步发展始于1岁左右，而在2~5岁，会出现显著的发展变化。到了7岁，儿童的执行功能在许多方面已与成人相似，到了12岁左右，他们在多数标准执行功能测试中的表现已经与成人相当，可即便如此，某些指标的发展并不会停滞，将持续至成年期。

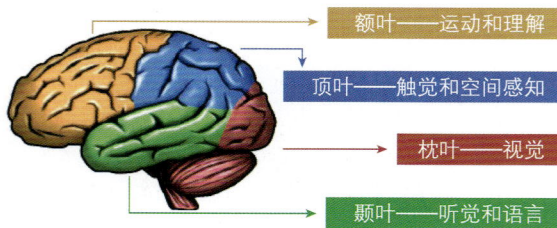

额叶——运动和理解
顶叶——触觉和空间感知
枕叶——视觉
颞叶——听觉和语言

▲ 图2-18　　　　大脑分区

4. 感知觉

感知觉也称简单知觉。感知觉是人脑对当前作用于感觉器官的客观事物的反映，包括视觉、听觉、嗅觉、味觉、触觉所获得的客观事物形状与色彩、声音、气味、味道等。感知觉是人最早出现的认识过程，在婴幼儿认知能力中，最先发育而且发育最快的是感知觉。在认知发展的早期阶段，婴幼儿通过主动和有选择性的感知觉过程来获取和适应环境信息，这一过程构成了认知结构的关键组成部分，其中包括对环境信息的观察、整合以及理解。自出生起，新生儿便已具备了人类的大部分基础感官，例如视觉、听觉、触觉、嗅觉、味觉，以及对身体位置和时间的感知。在婴儿时期，由于心理过程如思维、语言和表象尚未成熟，其控制系统的功能相对受限。因此，婴幼儿主要通过身体动作来展现他们对世界的理解。简而言之，婴儿的感知能力在出生后的数月内会经历显著的成长和提升。这些感知能力的发展对于婴儿的认知发展以及与外界的互动具有极其重要的意义。

5. 语言

语言是人类区别于其他生物的重要标志之一。它不仅仅是一种交流的工具，更是我们认知世界、表达自我的方式。语言的发展，又称语言习得，是一个复杂而神奇的过程，它涉及个体对母语的语音、词汇、语义、语法等系统要素的逐步理解和掌握，以及语言运用技能的不断精进。在学习儿童语言和了解言语发育障碍之前，必须明白言语和语言这两个概念。在日常生活中，人们往往将言语和语言两个词混淆，语言和言语是两个彼此不同而又紧密联系的概念，正确区分"言语"和"语言"这两个概念十分必要。言语是有声语言形成的机械过程，即人们说出的话和听到的话。言语就是说话，即口说的语言，是语言表达形式中最常用的一种方式。语言是人类社会中约定俗成的符号系统，它是一套制约词义、语法、形态等诸多方面的规则系统。有研究指出，儿童在 5 岁左右，他们的语言系统通常已经发展到一个相对成熟的阶段。在这个阶段，孩子们能够使用语言来表达自己的需求和感受，能够理解他人的言辞，并在日常生活中进行基本的交流。

（三）认知功能障碍表现

认知是机体认识和获取知识的智能加工过程，涉及学习、记忆、语言、思维、精神、情感等一系列随意、心理和社会行为。认知功能障碍泛指由各种原因导致不同程度的认知功能损害。通常因学习记忆以及思维判断有关的大脑高级智能加工过程出现异常，从而引起严重的学习、记忆障碍，同时伴有失语、失用、失认、失行以及视空间、语言、执行、计算和理解判断等方面受损的病理过程。对于儿童青少年来说，认知能力是孩子正常生长发育过程中的重要组成部分。然而，有些孩子可能会面临认知障碍的挑战，其认知功能发生障碍的表现主要为：

1. 记忆障碍

在认知功能发育不全的情况下，学龄前儿童在瞬时记忆和机械记忆方面可以表现出较好的能力，但是在自由回忆和近期事件记忆方面较弱，研究者们发现某些个体在记忆新事实及其概念方面存在困难，可能会遗忘先前学习到的信息，但在特定的信息领域，如列车时刻表的记忆上，却表现出惊人的记忆能力。具体而言，这些个体能够对刚刚播报的城市天气预报进行精确复述，并且在复述过程中不会颠倒城市顺序，产生这种类似于自动记忆装置的表现。但是他们可能对复杂信息的记忆存在困难，尽管在视觉材料记忆方面具有一定的优势，面临刺激的繁杂性还是会影响其记忆效果。这些个体在顺序记忆方面，无论是在视觉记忆还是听觉记忆中，都表现出记忆困难现象。

2. 注意力障碍

在注意力方面，认知障碍的儿童往往表现出对定位反应的异常。定位反应是指对新的刺激的注意反应。当儿童遭遇新刺激时，他们会心跳加速，适应速度减缓，显示出定位反应异常。而且一旦某种适应机制建立，就难以形成其他适应机制。这也解释了为何注意力障碍的孩子会对新刺激产生排斥、反抗甚至厌恶的情绪，并且无法顺利转移注意力。注意力的缺陷在很大程度上影响了他们的社会功能（图2-19）。例如，在一个充满新奇玩具的环境中，一个注意力缺陷的孩子可能会显得焦虑不安，他们可能紧紧抓住一个玩具不放，即使其他玩具更加吸引人，他们也难以将兴趣转移到新玩具上。这种行为不仅限制了他们探索新环境的能力，也影响了他们与同龄人互动，因为其他孩子可能会因为他们这种固执的行为而选择避开。

▲ 图2-19　　　　　儿童注意力障碍

3. 执行功能障碍

执行功能是由大脑前额叶皮层（图 2-20）调控的复杂认知过程，它涉及个体在执行复杂认知任务时对各种认知过程的协调，确保认知系统以灵活和优化的方式达成特定目标的通用控制机制。执行功能包括孩子的计划能力、组织能力、时间管理、自我控制、情绪调节和适应能力等多个方面。执行功能障碍可能会给孩子的学习和日常生活带来诸多挑战。例如，当老师布置了多项家庭作业时，那些认知功能较弱的孩子可能仅能记住其中的一两项，容易忽略关键信息。他们可能难以启动或完成项目，常常感到无从下手，导致严重的拖延（图 2-21）。在从一项活动转换到另一项（如从玩耍转为学习）时，孩子可能会表现出强烈的抵触情绪或过度拖延，或做出冲动行为，易怒、情绪波动大，对挫折的容忍度低，遇到困难时容易放弃或情绪爆发。

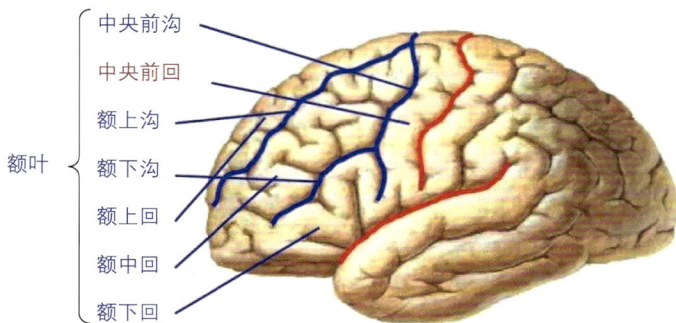

中央前沟
中央前回
额上沟
额下沟
额上回
额中回
额下回
额叶

▲ 图 2-20　　大脑额叶分区图

▲ 图 2-21　　儿童执行功能障碍

4. 感知觉功能障碍

感觉是人脑对直接作用于感觉器官的客观事物的个别属性的反映,知觉是人体对所接收各种感觉信息的综合处理过程。外界刺激本身是客观存在的,但在大脑内部加工这些信息时,往往会受到个人经验的影响。对于部分儿童来说,他们在信息处理方式上缺乏一致性,更偏好于局部信息的处理,这使得他们在转换信息处理方式时容易遇到困难。特别是在视觉、听觉和触觉等方面,他们可能同时表现出敏感和迟钝的特征,如部分儿童常在正常光线下出现闭眼、皱眉等反应(图2-22);而在高强度光下,却表现出不眨眼的异常耐受性,而在知觉处理上,他们更倾向于局部加工。

▲ 图2-22　　　　　　　　　　　　　　　　儿童眼睛畏光

5. 语言障碍

语言障碍是指个体在语言表达和理解方面的能力远远低于预期水平,涵盖语言异常和语言发育迟缓等多方面的问题。这种现象在儿童群体中具有较高的发生率,而且可能会对儿童的正常发展过程产生不利影响,因而造成语言方面的问题。言语障碍特指在声音产生方面遇到的困难,而语言障碍则涉及理解上的困难以及组织言语来表达个人观点的挑战。儿童语言障碍会使其在语言的学习和使用上存在持续的困难,从而导致他们对于语言的理解、表达以及交流等方面明显落后于同年龄段的其他儿童,常常表现为发音不清、答非所问、刻板语言以及可以模仿但无自主语言产生等。发育性语言障碍的儿童在语言理解或表达方面表现较弱,因而影响到他们的生活和学习能力,以及与他人沟通的能力、社交能力的发展。3~6岁是儿童语言发展的关键时期,发现问题,及早确诊与治疗非常重要。

四、
科学运动与儿童青少年认知能力

目前，针对认知功能障碍，尚未发现具有决定性疗效的治疗方法。现有的治疗和管理策略主要目的是保持现有的认知功能水平，并尽可能延缓病情的恶化。运动或体育锻炼作为一种非药物的保健方式，因其无毒副作用、成本低廉以及易于普及等优势而备受瞩目。最近的研究成果显示，运动不仅能够改善人的大脑状态，还能够显著提升认知能力。段宏斌等人研究证实了长期中高强度运动干预对小学生执行功能的积极影响；张然然通过花样跳绳运动对 9~10 岁的儿童进行了为期 12 周的运动干预，发现 12 周的花样跳绳运动对儿童空间记忆力、注意力、简单反应时、数字广度等都产生非常显著的效果（图 2-23）；段新月认为10 周快乐体操运动干预提高了小学生抑制功能、刷新功能、转换功能的反应时和正确率。不同种类和强度的运动可能通过多种机制对认知功能产生积极影响：例如，运动对大脑可塑性的影响、运动可以影响线粒体相关机制来改善健康、运动通过促进细胞因子释放来提升认知、运动通过增强大脑代谢来改善认知，以及运动对肠道菌群有调节作用。体育锻炼（运动），已被证实对改善认知功能障碍具有正面作用。

运动对于促进儿童大脑发育具有显著效果，各种运动中的肢体动作均直接受到神经系统的控制与调节。在运动过程中，心跳加速，血管适度收缩，血液循环加快，这导致大脑的血流量大幅增加，进而有利于大脑神经细胞的新陈代谢，促进脑细胞的健康发育，对孩子的智力成长和认知能力的提升极为有益。此外，运动能够刺激大脑中的海马体——这一关键区域负责记忆、学习和情感调节，在儿童和青少年时期，运动有助于海马体的发育，从而增强孩子的认知能力。同时，运动还能促进大脑中多巴胺和血清素等神经递质的分泌，这些物质有助于提升孩子的注意力和专注力。特别值得一提的是，运动锻炼了孩子的思维敏捷性和灵活性，增强了他们在日常学习中的解决问题的能力，并且规律的运动还可以促进大脑中新神经元的生成，从而提升记忆力。

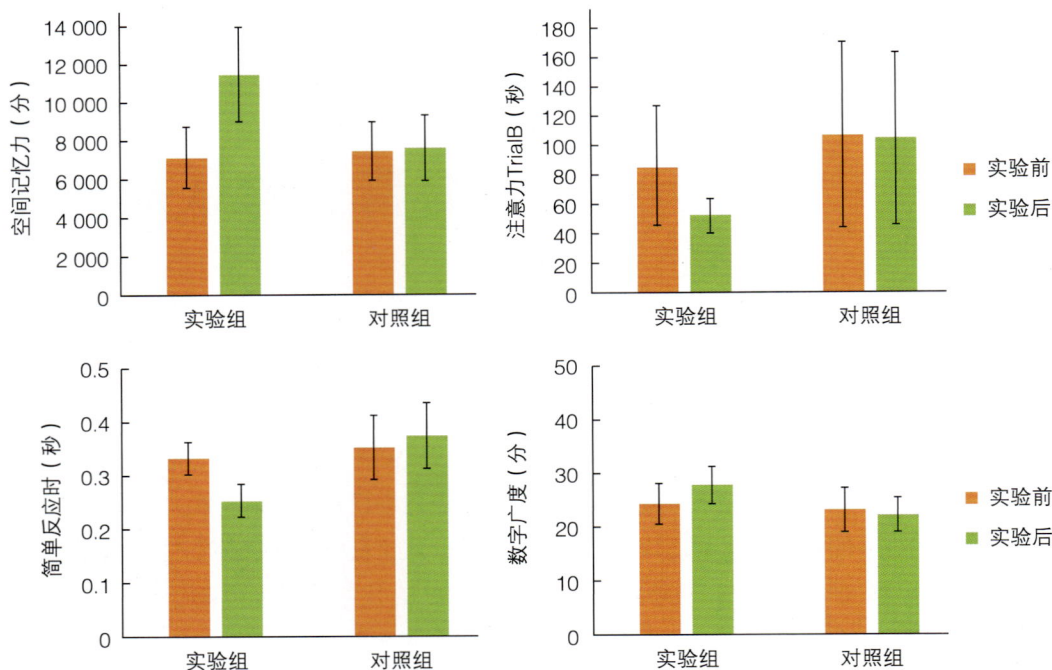

▲ 图 2—23　12 周花样跳绳对 9 ～ 10 岁儿童认知功能干预的实验结果

（一）儿童青少年运动与认知能力的关系

在教育和公共卫生领域日益重视儿童青少年全面发展的背景下，运动对认知能力的促进作用备受关注。儿童青少年的认知能力，涵盖注意力、执行功能、记忆力和认知灵活性等，是学业与日常生活适应环境的关键基石。然而，现代社会中，学业压力、屏幕时间增加和久坐行为致使儿童青少年身体活动水平显著下滑，这引发了大众对儿童青少年认知发展滞后以及长期健康和学业成就受影响的担忧。

众多研究证实，规律运动不仅有益儿童青少年身体健康，还能提升其认知功能，如注意力集中、信息处理速度和执行功能。从脑机制角度，运动可促进大脑神经可塑性。一方面，运动促使脑源性神经营养因子（BDNF）分泌，其作为神经营养蛋白，能推动神经元生长、存活和突触可塑性，助力学习与记忆；另一方面，长期规律运动可增加海马体体积、前额皮质功能及脑白质完整性，全面提升儿童青少年在注意力、记忆力、执行功能及学业表现方面的能力。从细胞层面看，运动能增强大脑神经元线粒体功能，提升能量代谢效率，保障认知功能的能量供应，同时运动后分泌增加的多巴胺、去甲肾上腺素和血清素等神经递质有助于情绪调节和保持认知灵活性。

　　尽管研究结果支持运动对儿童青少年认知发展的积极意义，但不同研究结果存在差异。运动的认知效益受性别、年龄和社会文化背景影响，且运动干预的类型、强度和持续时间也影响认知提升效果。在实际应用中，由于缺乏设计有效运动干预以优化儿童青少年认知功能的系统指导，因此，系统梳理文献、为实践工作者提供运动干预策略、将研究成果应用于教育和心理健康实践，以及为学校、家庭和社区提供指导，促进儿童青少年认知发展和全面成长就显得尤为重要了。

（二）常规运动与儿童青少年认知能力的提升

1. 常规运动对认知能力的积极影响

　　众多研究表明，常规运动在儿童青少年认知能力提升方面发挥着关键作用。有氧运动和力量训练已被证实能够显著改善儿童青少年的认知功能。例如，长期坚持慢跑、游泳等有氧运动的儿童青少年，在注意力集中和信息处理速度上往往表现更优。同时，力量训练如俯卧撑、仰卧起坐和深蹲等，也有助于增强儿童青少年的认知表现。Meta 分析显示，高强度间歇训练（HIIT）在改善儿童青少年执行功能，尤其是反应抑制和认知灵活性方面效果显著。这意味着将有氧和间歇训练相结合的常规运动方案，可能在促进儿童青少年认知发展方面更为高效。

2. 常规运动方案设计

　　为实现最佳认知提升效果，儿童青少年常规运动方案应包含中等强度有氧运动与适量力量训练，并结合团队运动进行设计。

　　① 有氧运动实践指导（表 2-2 至表 2-5）

表 2-2　方案卡 1

项目名称	慢跑 / 快走
目标	提高心肺功能、增强耐力和注意力
步骤	a. 热身（5 分钟）：原地踏步、高抬腿、踢腿放松 b. 慢跑 / 快走（30 分钟）：保持均匀呼吸，以能够交谈但不能唱歌的速度进行 c. 变速训练：每 5 分钟进行 30 秒的加速跑 d. 冷身（5 分钟）：放慢速度，逐步过渡到步行 e. 拉伸（5 分钟）：腿部拉伸、手臂拉伸、躯干扭转
频率	每周 3~5 次
注意事项	选择舒适的跑鞋和合适的场地，避免在硬地长时间跑步，防止膝盖受伤

表2-3　方案卡2

项目名称	骑自行车
目标	增强心肺耐力、下肢力量、观察力和注意力
步骤	a. 热身（5分钟）：动态拉伸腿部和髋部 b. 骑行（30~45分钟）：保持中等速度，每10分钟进行1分钟的冲刺 c. 冷身（5分钟）：慢速骑行放松肌肉 d. 拉伸：腿部、腰部和背部拉伸
频率	每周3次
注意事项	佩戴头盔，选择安全的骑行路线，注意交通安全

表2-4　方案卡3

项目名称	游泳
目标	全身锻炼，提高心肺功能、协调性
步骤	a. 热身（5分钟）：池边热身，如摆臂、踢腿 b. 主练习（30分钟）： 　　10分钟自由泳 　　10分钟蛙泳或仰泳 　　5分钟练习蹬边漂浮 c. 冷身（5分钟）：缓慢游泳或水中步行 d. 拉伸：肩部、背部和腿部拉伸
频率	每周3次
注意事项	佩戴泳帽、游泳镜，确保安全，选择有救生员的泳池，避免在过于疲劳时游泳

表2-5　方案卡4

项目名称	跳绳
目标	提升耐力、协调性和反应速度
步骤	a. 热身（5分钟）：原地小步跑和肩部旋转 b. 跳绳练习（20分钟）： 　　连续跳1分钟，休息30秒 　　交替单脚跳、双脚跳、交叉跳各5分钟 c. 冷身：缓慢跳1~2分钟 d. 拉伸：小腿和大腿拉伸
频率	每周3次
注意事项	选择适合长度的跳绳，在平整的地面进行，穿缓冲性好的运动鞋

② 力量训练实践指导（表2-6、表2-7）

表2-6　方案卡1

项目名称	自重训练
目标	增强核心力量和肌肉耐力
练习内容	a. 俯卧撑：3组，每组15次 b. 仰卧起坐：3组，每组20次 c. 深蹲：3组，每组15次 d. 平板支撑：3组，每组30~60秒
频率	每周2~3次
注意事项	保持正确姿势，避免动作变形导致受伤

表2-7　方案卡2

项目名称	阻力带训练
目标	增强上肢、下肢和核心力量
练习内容	a. 上肢拉伸：双手持阻力带，做水平拉伸3组，每组12次 b. 下肢蹲拉：脚踩阻力带，深蹲时拉起阻力带，3组，每组15次 c. 侧向拉伸：一手持阻力带，侧身拉伸，3组，每组10次
频率	每周2~3次
注意事项	选择合适阻力级别的阻力带，动作缓慢有控制

③ 灵活性与柔韧性常规运动实践指导（表2-8、表2-9）

表2-8　方案卡1

项目名称	拉伸运动
目标	改善柔韧性，预防受伤
练习内容	a. 腿部拉伸：前弓步压腿，每侧保持30秒 b. 肩部拉伸：手臂交叉拉伸，每侧30秒。 c. 躯干扭转：坐姿扭转，保持30秒
频率	每次运动后进行，时长5~10分钟

表2-9　方案卡2

项目名称	提高柔韧性、平衡感和专注力
目标	改善柔韧性，预防受伤
练习内容	a. 下犬式：保持 1 分钟 b. 树式：单脚站立，保持 30 秒 c. 猫牛式：背部弯曲和伸展，重复 1 分钟
频率	每周 2~3 次，每次 30~45 分钟

④ 常规性团体运动实践指导

篮球：每周 2~3 次，每次 60 分钟。热身 10 分钟，包含慢跑 3 分钟及高抬腿、侧步滑行、手臂绕环等动态拉伸。基本技术练习 20 分钟，包括原地和行进间运球、双人原地和移动中传球、罚球线和 3 分线外投篮。随后进行 30 分钟小组对抗赛，采用 5 对 5 或 3 对 3 半场比赛形式，强调传球配合和进攻战术。最后冷身与拉伸 5 分钟，通过步行放松并拉伸腿部和肩部。练习时需保证场地安全，穿着合适篮球鞋，身体接触时注意自我和对队友的保护。

足球：频率和时长同篮球。热身 10 分钟，进行慢跑 3 分钟及弓步压腿、高抬腿、脚腕绕环等动态拉伸。基本技术练习 20 分钟，涵盖带球、传球、射门等内容。小组对抗赛 30 分钟，侧重传控和进攻配合，采用 5 对 5 或 7 对 7 半场比赛。结束后慢走放松 3 分钟并拉伸腿部。训练时要佩戴护腿板，选择合适的足球鞋和安全场地。

羽毛球：每周 2 次，每次 60 分钟。热身 5~10 分钟，进行手腕、脚腕、肩膀和腿部动态拉伸及原地高抬腿和手腕绕环。基本技术练习 20 分钟，包括正手和反手发球、接球、前后左右移动接球。接着进行 30 分钟单打或双打对抗练习。结束后拉伸手臂和腿部，放松肩颈。训练时确保场地安全，使用适合自身水平的羽毛球拍和球。

乒乓球：每周 2 次，每次 60 分钟。热身 5~10 分钟，进行手腕绕环、肩部拉伸、腰部扭转和原地小步跑。基本技术练习 20 分钟，包括正手攻球、反手推挡和发球。然后进行 30 分钟单打对抗练习，练习不同技术和战术。最后拉伸手腕和肩部，放松背部。练习时确保球台周围有足够空间，避免碰撞，穿着防滑运动鞋，保持球拍和乒乓球的干净。

3. 高强度间歇训练（HIIT）实践指导

HIIT 指短时间高强度运动与低强度恢复交替进行的训练方式，具有时间效率高、形式多样、心肺负荷大等特点，近年来，在青少年认知能力提升方面，其效果备受关注。

从生理机制看，HIIT 能促进大脑来源神经营养因子（BDNF）释放，助力神经元生长和突触可塑性，提升学习与记忆能力。同时，增加大脑前额叶皮质血流供应，改善注意力、决策和执行功能，增强线粒体功能，为脑细胞供能，进一步提升认知表现。心理机制方面，HIIT 有助于调节皮质醇等压力激素水平，减轻焦虑抑郁情绪，间接提升认知水平。完成高强度训练还可增强青少年自我效能感和成就感，提高其学习注意力和投入度。

HIIT 在多个认知领域均具有积极影响，尤其在提升执行功能、注意力和记忆能力方面效果显著。首先，HIIT 能提升工作记忆容量、抑制冲动能力和认知灵活性，显著提高持续性和选择性注意力，这些效果在短期内尤为明显。此处，HIIT 还能改善海马体神经元可塑性，从而优化短期和长期记忆。

实践中，为确保儿童青少年安全，需先进行适应性评估，避免过度训练，建议每周 2~3 次，在专业指导下完成。训练后安排冷却和拉伸环节，降低受伤风险。未来研究可深入探讨长期 HIIT 对儿童青少年认知发展和学业成绩的影响，对比不同强度和模式训练效果，结合神经影像学技术剖析其对大脑结构和功能的具体影响。

HIIT 示例方案如下：目标为提升心肺功能和执行控制能力。热身 5 分钟，进行原地跑、开合跳。训练阶段包括 1 分钟高强度跳绳后 30 秒休息，20 秒快速深蹲跳后 40 秒休息，30 秒冲刺跑后 30 秒慢走，重复 4~6 次。冷身 5 分钟，放慢步伐拉伸全身肌肉。训练时注意根据自身体能调整强度，防止过度疲劳。

总之，这些多样化的常规运动实践指导为儿童青少年提供了丰富选择。青少年可依自身兴趣和体能状况组合运动方式，坚持按科学规律锻炼，从而促进身体健康与认知能力全面发展。

（三）"零点体育"模式与儿童青少年认知能力的提升

1."零点体育"模式概述

零点体育（Zero Hour PE）是一种在正式课程开始前的清晨进行的体育活动模式，由美国精神病学家 John Ratey 博士提出。该模式旨在提升学生的健康水平和认知能力，进而优化其学业表现。美国内珀维尔中央高中的"学习准备体育课"（LRPE）计划就是基于此模式设计的，极具开创性。自 2003 年，该学校要求学生在课前进行至少 20 分钟的目标心率范围内的运动，学校通过心率监测器跟踪运动强度，并为学生提供多样化的体育活动。仅一个学期后，参加该计划的学生的阅读理解能力就提升了 17%，长期干预下，学生的阅读和数学成绩均得到提高。

在中国，北京第二实验小学平谷分校于 2021 年也启动了"零点体育"项目，即每天早晨安排 40 分钟的体育课后，再进行文化课学习。这一举措有效提升了学生的学习效率与综合素质，获得了各方支持。由此可见，"零点体育"对儿童青少年的认知与学业具有积极影响。晨间锻炼能够提升他们的认知能力，对其身心健康和全面发展具有重大意义。

2．"零点体育"模式实施方案

（1）活动时间与频率

时间安排：每天早晨正式上课前 30~45 分钟进行体育活动。

频率：每周至少 4 天开展有氧运动，其中 4 天中等强度、2 天高强度，高强度日可适当增加阻力训练，鼓励每周 6 天开展。

（2）活动内容

中等强度有氧运动：包括跑步、跳绳、慢跑、健身操等，持续 20~30 分钟。

高强度间歇训练（HIIT）：身体条件好时，结合冲刺、敏捷和力量训练，每次 5~15 分钟。

步行：身体不适时选择步行。

（3）课程设计与组织

课前热身：5 分钟拉伸和轻度有氧活动。

核心活动：依年龄和体能设计，低年级为游戏化活动，高年级结合力量、有氧与认知挑战。

课后放松：5 分钟深呼吸和拉伸，助学生过渡到课堂学习。

（4）设备与资源

基础设施：学校需配备操场、跑步机、跳绳、篮球等。

技术支持：用心率监测器确保强度达标。

教师培训：培训教师以有效指导活动。

（5）评估与反馈

健康评估：定期测静息心率、BMI 和体育成绩。

学业表现：监测阅读、数学等成绩变化。

学生反馈：收集反馈调整活动内容与强度。

3．短时课间身体活动的意义与价值

"零点体育"模式发展中，短时课间身体活动也受到关注。研究显示，11~12 岁学生进行跳跃、体操等短时课间活动可提升其注意力和信息处理速度。短期有氧运动能改善儿童青少年工作记忆，这与前额叶皮质激活有关，高强度间歇运动可改善反应抑制和认知灵活性。

短时课间活动意义非凡。它能增强学生课堂注意力与学习效率，减少分心，提升参与度；还可提升认知和信息处理能力，助学生应对复杂学科；激活前额叶皮质改善记忆能力，促进知识掌握；且便捷易行，无需复杂设备场地，教育者可灵活安排。

（四）"周末战士"模式与儿童青少年认知能力的提升

"周末战士"模式，即儿童青少年在周末集中进行体育活动，工作日因学业压力难以保证充足锻炼。虽与每日运动推荐标准有别，但研究证实其对儿童青少年认知能力有积极影响。

从认知功能提升研究来看，一周内累积中高强度身体活动达 420 分钟（即便集中于周末），可激发神经可塑性，促进海马体发育，提升注意力、记忆力等认知能力，还能提高学业参与度，提升课堂专注力。在现实教育压力下，该模式能缓解久坐危害，对认知、学业和心理健康有益，备考儿童青少年尤适用。不过，此模式受家庭、学校和同辈群体影响，需各方协同干预以实现认知效益最大化。

家长层面，应依儿童青少年学业与认知需求规划周末运动。如保证每次 60~90 分钟、每周累计 420 分钟的中高强度活动，如篮球、游泳等，避免周末全被课业占据。同时，树立健康理念，将体育锻炼融入家庭教育，亲子同练培养运动习惯与兴趣，营造支持氛围，鼓励锻炼，减少学业压力，可报兴趣班助力。

学校方面，一是提供周末运动资源与支持，周末开放场地，给予专业指导和安全保障，定期组织"周末运动营"或俱乐部活动；二是调整课外活动项目，在保证学业的前提下增加体育活动所占比例，如每月组织校内或校际竞赛，让学生在运动中获成就感与团队合作能力；三是结合体育与认知教育，教师普及锻炼益处，将体育活动与认知训练融合，增强干预效果。

同辈群体方面，首先鼓励儿童青少年与朋友共制周末运动计划，组建"同伴运动小组"，因同伴支持可增强运动动机并促其坚持，提升社交能力。其次，培育积极运动文化，推广"运动即学习"观念，通过分享经验、参赛营造氛围，减少同辈压力导致的弃练。最后，利用社交平台激励，儿童青少年可分享成果、设打卡目标，相互激励，增强运动趣味与持续性，激发群体动力。

具体干预方案如下：家庭周末锻炼计划可周六上午全家户外慢跑或骑车 60~90 分钟，周六下午进行球类活动，周日上午游泳或进行跳绳训练。学校每周六上午开放操场，每月组织校内体育比赛。同辈群体组建"运动打卡群"，周末至少两次打卡，或设定共同参加城市马拉松等团队目标。

总之，"周末战士"模式对儿童青少年认知发展有积极作用，家庭、学校和同辈群体共同努力，合理规划、营造环境、群体激励，可提升儿童青少年的认知功能，改善他们的心理健康状况与学业表现，助力儿童青少年健康成长。

（五）探索性运动与儿童青少年的认知能力提升

1. 探索性运动的作用与特点

在当代儿童青少年的成长环境中，游戏化运动或探索性运动作为提升身体活动水平的创新方式备受关注。随着数字技术的迅猛发展，儿童青少年已成为"数字原生代"。智能数字工具虽有弊端，但也是其学习生活的重要载体。在大数据模型加持下，这些工具的内在激励机制与高度互动性为儿童青少年身体活动和认知发展提供了新路径。

多项研究表明，此类运动将运动与趣味、互动及认知挑战融合，能激发儿童青少年内在运动动机，促进认知发展。结合认知参与的游戏化体育课程可提高儿童青少年运动参与度与认知功能（如工作记忆和反应抑制）。当前认知参与的身体活动形式多样，包括基于团队运动策略的运动游戏、互动游戏、增强现实游戏、运动型电子游戏、寻宝和定向越野游戏、探险挑战课程、益智运动游戏、角色扮演类游戏运动及户外探索运动等。这些运动能在多个认知维度带来积极影响，如提高注意力、反应速度、记忆、逻辑推理、问题解决能力等。例如，执行功能游戏训练任务相比标准化足球训练，能使中学生在记忆、反应速度等认知功能指标上得分更高；15~20分钟的游戏化运动可改善青少年视觉注意力、工作记忆、反应抑制和认知灵活性；增强现实游戏能提升认知表现和情绪智力。然而，这类游戏多需电子设备支持，可能更适合个体运动与认知改善，且其对儿童青少年认知的积极效应受身体健康水平和体育活动强度调节，身体健康水平较高的学生在中高等强度体育课程中认知效益最大。

2. 实践要求与多方协作

为确保探索性运动对儿童青少年认知能力提升的有效性、安全性和可持续性，学生、教师和家长需协同合作，各自发挥关键作用。

对于学生而言，首先要高度专注与积极参与。专注力是最大化认知收益的核心，学生应深入理解活动目标，保持高度注意力并主动解决游戏问题。如定向越野中专注线索分析与路线规划，运动型电子游戏中需要快速反应和记忆路径，这有助于提升认知灵活性和注意力。其次，自我管理和时间分配至关重要。学生应制订合理的锻炼计划，如每天30~45分钟、每周2~4次的探索性运动，避免影响学业和休息。同时，学会将运动作为学习辅助工具，如长时间学习后通过游戏释放压力、重建注意力。再次，尊重规则和团队合作不可忽视。团队游戏中，遵守规则、学会合作沟通能培养社交技能和团队精神。最后，学生要倾听身体信号，避免过度疲劳。鉴于儿童青少年身体状况存在个体差异，在高强度或长时间运动中，需了解自身极限，及时休息，尤其在高强度间歇活动中要合理调节节奏，通过拉伸放松恢复体能。

教师在探索性运动实施中起核心作用。一方面，制定清晰的目标导向与可操作方案。每项活动应设定明确认知发展目标，如提高注意力、工作记忆或反应抑制等，并将身体挑战与认知任务相结合。例如篮球比赛中设置临时战术调整任务，让学生迅速记忆并执行新规则。同时，根据学生认知发展规律，设计分层次活动，从低难度、单一目标逐步增加挑战性，形成体力和认知的多重负荷。另一方面，创造互动性和情境化的学习体验。活动设计融入有趣故事情节或任务情境，激发学生参与感，过程中设置实时反馈，如计时、任务进度表和得分统计，并及时给予鼓励和调整建议。如迷宫游戏中提供语音提示或线索，增强互动性和挑战感。此外，融合数字技术提升实践效果。利用增强现实（AR）工具设置探索任务，如通过AR软件让学生在校园寻找虚拟物品并结合身体活动完成任务；条件允许时，借助体感游戏设置认知和身体任务，让学生在虚拟场景中运动的同时，完成记忆和解答问题任务。最后，促进合作式学习与团队发展。设计团队合作任务，培养协作精神，如共同完成体力与认知结合的任务，在日常体育活动中赋予学生不同角色，发挥各自优势，提高组织和沟通能力。

家长作为学生生活的重要支持者，对儿童青少年运动习惯影响显著。家长应积极参与探索性运动，如亲子徒步、定向越野或合作完成益智游戏，营造家庭成员共同参与的运动文化，助力儿童青少年认知发展。做法如下：一是，合理规划时间与资源。帮助学生规划日常活动，确保游戏化运动不影响学业和休息，如周末安排户外探索活动，作为放松和提升专注力的工具，同时提供必要的运动设备和资源支持。二是，鼓励儿童青少年自主参与反思。鼓励学生积极参与运动，并引导其反思活动表现和收获，活动后与孩子讨论体验，表扬努力和进步，帮助他们建立自我效能感和健康自我评价。三是，监控健康与安全。关注孩子身体健康和安全，特别是高强度或户外活动时，确保孩子佩戴安全防护装备，掌握正确运动技能，避免受伤。

综上所述，通过学生积极投入、教师科学引导和家长有效支持，探索性运动有望成为促进儿童青少年认知发展、身体健康和社交技能的重要手段。在实施过程中，应确保活动安全性、个性化和跨学科整合，同时注重反思与反馈的闭环优化机制。唯有多方共同协作，才能充分发挥游戏化和探索性运动的长远价值，推动儿童青少年身心全面发展。

（六）注意事项

在实施儿童青少年运动促进认知发展的干预措施时，保障安全性、有效性和可持续性至关重要，需重点关注以下方面。

1. 运动安全与风险防范

充分的热身与拉伸是降低运动伤害的关键。每次运动前进行 5~10 分钟热身，如动态拉伸、高抬腿等，能有效激活身体机能；运动后同样进行 5~10 分钟拉伸，有助于缓解肌肉疲劳。同时，依据运动类型选择适配的鞋类与防护装备，如头盔、护膝等，并确保运动场地安全、平整，规避湿滑或硬地，减少受伤风险。此外，要严格控制运动强度与节奏，防止儿童青少年过度投入高强度运动，特别是 HIIT 或团队对抗类项目，避免运动过度引发肌肉拉伤等问题。

2．个体化与差异性考虑

特殊健康状况的儿童青少年需专业指导。针对患有心血管疾病、哮喘等的儿童青少年，应在专业人员指导下制定个性化运动方案，确保运动安全与有效性。同时，重视年龄与性别差异，低年级学生认知发展和身体素质特点决定其更适合游戏化运动，高年级学生则可逐步引入 HIIT 或力量训练。此外，依据儿童青少年兴趣选择运动项目，如篮球、游泳、定向越野等，能有效增强其参与运动的积极性和持久性。

3．运动类型与认知目标匹配

不同运动类型对认知提升作用各异。有氧运动如慢跑、骑自行车、游泳等，每周 3~5 次，每次 30~45 分钟，有助于促进注意力、记忆力及信息处理速度提升。高强度间歇训练（HIIT），每次 20~30 分钟，每周 2~3 次，对执行功能，如反应抑制和认知灵活性提升效果显著。团队运动如篮球、足球、羽毛球，每周 2~3 次，每次 60 分钟，能有效提升认知灵活性、决策能力及社交技能。探索性运动如定向越野、运动型电子游戏，每次 30~45 分钟，每周 2~4 次，可增强问题解决能力和逻辑推理能力。

4．运动强度与时间分配

合理安排运动强度与时间。中等强度有氧运动，保持心率在最大心率的 60%~70%，如每周多次慢跑或骑自行车。高强度运动如 HIIT，每周 2~3 次，每次不超 30 分钟，且要保证充足休息与冷却。利用课间 5~10 分钟进行跳跃、拉伸等短时运动，可缓解久坐疲劳，提高课堂注意力和学习效率。

5．家庭、学校与同辈的协同支持

家庭、学校和同辈应协同助力儿童青少年运动。家庭层面，家长应合理规划周末运动，采用"周末战士"模式并参与亲子锻炼，激发儿童青少年运动兴趣。学校可实施"零点体育"模式，每天早晨安排体育活动，提升学业表现和认知功能。同辈间鼓励组建"同伴运动小组"，借助集体打卡、社交平台分享等方式维持运动动力。

6. 技术与反馈机制的应用

借助技术手段与反馈优化运动干预。运用心率监测器等设备实时评估运动强度，确保实现认知促进效果。定期评估儿童青少年认知表现和运动效果，依据反馈及时调整运动方案，保证干预措施的科学性与适应性。

总之，在推动儿童青少年运动促进认知发展进程中，必须全面考量上述因素。通过科学规划运动方案、合理干预，并充分发挥各方协同作用与反馈机制，这样才能最大程度实现儿童青少年身体健康与认知功能的全面发展，为其成长成才筑牢根基。

参考文献

陈晨，2022.青少年身体姿态异常问题研究及防控政策建议 [J].中国体育科技，58（10）.

陈喆思，黄小飞，王画鸽，等，2024.近红外脑功能成像在大脑认知功能中的研究进展 [J].中国康复：39（05）：318-320.

方方，王佐仁，王立平，等，2017.我国认知神经科学的研究现状及发展建议 [J].中国科学基金，31（03）：266-274.DOI：10.16262/j.cnki.1000-8217.2017.03.011.

凡豪杰，夏磊，刘寰忠，2024.儿童青少年抑郁障碍患者认知功能损害特征的研究进展 [J].神经疾病与精神卫生，24（03）：153-158.

高晓妍，戴元富，黄辰，2023.急性有氧运动对年轻人认知功能的干预效果：一项系统综述与 Meta 分析 [C]//中国体育科学学会.第十三届全国体育科学大会论文摘要集——墙报交流（运动心理分会）（一）.首都体育学院：3.DOI：10.26914/c.cnkihy.2023.079202.

胡秀红，2024.体能训练在幼儿认知水平提升中的作用机制探究 [C]//国际班迪联合会（FIB），国际体能协会（ISCA），中国班迪协会（CBF）.第五届国际体育科学大会论文集（上）.山东省泰安市华武体育文化传播有限公司：7.DOI：10.26914/c.cnkihy.2024.030740.

李红娟，刘敏，薛艳秋，等，2014.北京市某初中在校生脊柱周围肌力分析 [J].中国学校卫生，35（1）.

李新，李晓彤，王正珍，等，2017.不同运动量对少年心肺耐力和身体成分影响的干预研究 [J].中国体育科技（5）：110-6.

刘牡凤，汤映琪，侯伟丽，等，2024.执行功能训练联合经颅磁刺激对孤独症儿童社交功能的影响 [J].生命科学仪器，22（06）：11-13.

路莹，职国宇，冯加付，2024.运动干预对儿童青少年执行功能影响的系统综述 [J].湖北体育科技，43（06）：46-53+93.DOI：10.20185/j.cnki.1003-983X.2024.06.009.

马渊源，陈勤，尹小俭，等，2022.儿童青少年体力活动与身心健康研究进展 [J].中国学校卫生，43（4）.

王悦，2018.不同体育运动要素对人体认知功能影响的研究综述 [J].福建体育科技，37（01）：34-37.

黄璜，武健，李萌萌，2021.大脑发育和认知功能的性别差异 [J].感染、炎症、修复，22（04）：233-235+249.

王蕾蕾，赵鹏军，2024.睡眠碎片化对儿童认知功能影响的研究进展 [J].中国儿童保健杂志，32（11）：1241-1245.

闫峻，林本成，刘晓华，等，2024.认知能力评估和认知增强策略研究进展与应用前景 [J].军事医学，48（10）：791-798.

余容容，杨雪梅，赵波，等，2024.论体育游戏中幼儿运动能力的培养策略 [C]//全国青少年体育联合会幼儿体育分会，中国体育科学学会学校体育分会.第二届全国幼儿体育科学论文报告会论文集.四川轻化工大学：3.DOI：10.26914/c.cnkihy.2024.034117.

钟绮琳，钟舒明，赖顺凯，等，2022. 运动改善抑郁症认知功能障碍的机制研究进展 [J]. 中国神经精神疾病杂志，48（11）：701-704.

COSTIGAN S A，EATHER N，PLOTNIKOFF R C，et al.，2016. High-Intensity Interval Training for Cognitive and Mental Health in Adolescents [J]. Med Sci Sports Exerc，48（10）：1985-93.

COLLABORATION N C D R F，2020. Height and body-mass index trajectories of school-aged children and adolescents from 1985 to 2019 in 200 countries and territories：a pooled analysis of 2181 population-based studies with 65 million participants [J]. Lancet，396（10261）：1511-24.

Charbonneau M，Curioni A，McEllin L，Strachan JWA，2024. Flexible Cultural Learning Through Action Coordination. Perspect Psychol Sci，19（1）：201-222. doi：10.1177/17456916231182923.

DE OLIVEIRA E P，BURINI R C，2009. The impact of physical exercise on the gastrointestinal tract [J]. Curr Opin Clin Nutr Metab Care，12（5）：533-8.

DE SOUSA FERNANDES M S，ORDONIO T F，SANTOS G C J，et al.，2020. Effects of Physical Exercise on Neuroplasticity and Brain Function：A Systematic Review in Human and Animal Studies [J]. Neural Plast 2020，8856621.

Ferreira F，Huettig F，2023. Fast and slow language processing：A window into dual-process models of cognition. Behav Brain Sci，46：e121. Published 2023 Jul 18. doi：10.1017/S0140525X22003041.

GARCIA-HERMOSO A，CARMONA-LOPEZ M I，SAAVEDRA J M，et al.，2014. Physical exercise, detraining and lipid profile in obese children：a systematic review [J]. Arch Argent Pediatr，112（6）：519-25.

GARCIA-HERMOSO A，EZZATVAR Y，RAMIREZ-VELEZ R，et al.，2021. Is device-measured vigorous physical activity associated with health-related outcomes in children and adolescents? A systematic review and meta-analysis [J]. J Sport Health Sci，10（3）：296-307.

LUO X，SHEN Y M，JIANG M N，et al.，2015. Ocular Blood Flow Autoregulation Mechanisms and Methods [J]. J Ophthalmol，864871.

Lövdén M，Fratiglioni L，Glymour MM，Lindenberger U，Tucker-Drob EM，2020. Education and Cognitive Functioning Across the Life Span. Psychol Sci Public Interest.21（1）：6-41. doi：10.1177/1529100620920576.

LIU Z，HUANG S，YUAN X，et al.，2023. The role of vitamin D deficiency in the development of paediatric diseases [J]. Ann Med，55（1）：127-35.

Liu H，Wu M，Huang H，Chen X，Zeng P，Xu Y，2024. Comparative efficacy of non-invasive brain stimulation on cognition function in patients with mild cognitive impairment：A systematic review and network meta-analysis. Ageing Res Rev.101：102508. doi：10.1016/j.arr.2024.102508.

Jung M，Zou L，Yu JJ，et al.，2020. Does exercise have a protective effect on cognitive function under hypoxia? A systematic review with meta-analysis. J Sport Health Sci，9（6）：562-577. doi：10.1016/

j.jshs.2020.04.004.

MACHADO E, JANNUZZI F, TELLES S, et al., 2022. A Recreational Swimming Intervention during the Whole School Year Improves Fitness and Cardiometabolic Risk in Children and Adolescents with Overweight and Obesity [J]. Int J Environ Res Public Health, 19（24）.

Miguel PM, Meaney MJ, Silveira PP, 2023. New Research Perspectives on the Interplay Between Genes and Environment on Executive Function Development. Biol Psychiatry, 94（2）: 131-141. doi: 10.1016/j.biopsych.2023.01.008.

NEMET D, ELIAKIM A, 2010. Growth hormone-insulin-like growth factor-1 and inflammatory response to a single exercise bout in children and adolescents [J]. Med Sport Sci, 55: 141-55.

PEDERSEN B K, HOFFMAN-GOETZ L, 2000. Exercise and the immune system: regulation, integration, and adaptation [J]. Physiol Rev, 80（3）: 1055-81.

NINDL B C, PIERCE J R, RARICK K R, et al., 2014. Twenty-hour growth hormone secretory profiles after aerobic and resistance exercise [J]. Med Sci Sports Exerc, 46（10）: 1917-27.

PROIA P, AMATO A, DRID P, et al., 2021. The Impact of Diet and Physical Activity on Bone Health in Children and Adolescents [J]. Front Endocrinol（Lausanne）, 12: 704647.

WANG R, ZHANG X, REN H, et al., 2022. Effects of different exercise types on visceral fat in young individuals with obesity aged 6-24 years old: A systematic review and meta-analysis [J]. Front Physiol, 13: 987804.

Raudenbush SW, Hernandez M, Goldin-Meadow S, et al., 2020. Longitudinally adaptive assessment and instruction increase numerical skills of preschool children. Proc Natl Acad Sci U S A, 117（45）: 27945-27953. doi: 10.1073/pnas.2002883117.

STONEROCK G L, GUPTA R P, BLUMENTHAL J A, 2024. Is exercise a viable therapy for anxiety? Systematic review of recent literature and critical analysis [J]. Prog Cardiovasc Dis, 83: 97-115.

Thibault S, Py R, Gervasi AM, et al., 2021. Tool use and language share syntactic processes and neural patterns in the basal ganglia. Science, 374（6569）: eabe0874. doi: 10.1126/science.abe0874.

Tsay JS, Kim HE, McDougle SD, et al., 2024. Fundamental processes in sensorimotor learning: Reasoning, refinement, and retrieval. Elife, 13: e91839. Published 2024 Aug 1. doi: 10.7554/eLife.91839.

Valk SL, Kanske P, Park BY, et al, 2023.Functional and microstructural plasticity following social and interoceptive mental training. Elife, 12: e85188. Published 2023 Jul 7. doi: 10.7554/eLife.85188.

第三章

科学运动与合理营养的综合策略

家庭在促进儿童青少年健康的作用

学龄期是建立健康信念和形成健康饮食行为的关键时期，从小养成健康的饮食行为和生活方式将使其受益终生。家庭是儿童青少年日常生活的主要场所，家长的言传身教、饮食文化以及生活方式都会影响孩子的健康习惯。

（一）膳食营养的搭配

在塑造健康的饮食习惯和培养良好的营养意识方面，父母的参与是至关重要的。具体来说，家庭的作用体现在以下几个方面：

1. 营养教育

家长可以通过日常饮食指导，培养孩子均衡膳食的意识。通过引导孩子多吃蔬菜水果、减少高糖高脂肪食品的摄入，帮助他们树立健康饮食观念。

（1）健康饮食的实际操作

家长是孩子饮食的直接提供者，负责编排一日三餐、合理搭配食材。尤其是在青少年时期，孩子正处于身体发育和智力发展关键阶段，营养的充足与平衡尤为重要。

（2）食物选择和准备

父母可以与孩子一起参与食物的选择和准备过程。他们可以带孩子一同去超市或农贸市场购买食材，并鼓励孩子选择健康的食物。在家中，父母可以让孩子参与食物的准备和烹饪，这样他们就能更好地理解食物的来源和制作过程。

（3）榜样的力量

作为孩子的榜样，父母在饮食选择和习惯方面起着重要的引导作用。如果父母本身关注营养，选择健康的食物，并展示积极的饮食习惯，孩子很可能会受到正面影响，并模仿他们的行为。

2. 健康生活方式习惯养成

家庭在孩子的生活方式养成中起到重要作用，尤其是在儿童青少年的关键成长期，家长的示范作用、监督与支持至关重要。家庭的健康生活方式能够为孩子树立榜样，并通过实际的行动帮助他们养成良好的习惯。家长和孩子可以一起制定健康目标，建立家庭健康计划，如每周一起运动、制定家庭餐单等。共同参与不仅能增强孩子的责任感，还能加强家庭成员之间的凝聚力。具体来说，家庭的作用可以体现在以下几个方面：

（1）健康饮食习惯

家长是孩子饮食的主导者，通过家庭饮食的安排和示范，帮助孩子养成合理的饮食习惯，如定时用餐、适量进食、尽量避免高糖高脂肪食物等。这不仅可以预防儿童肥胖，还能培养孩子健康的饮食观念。

（2）规律作息时间

家长的作息规律对孩子有极大的影响。固定的睡眠时间、合理的作息安排能够帮助孩子养成健康的生物钟，保证充足的休息。尤其是青少年，充足的睡眠有助于他们的成长发育、学习和情绪调节。儿童青少年需要保证每晚充足的睡眠。根据年龄段的不同，青少年的睡眠时间通常应保持在 8~10 小时。家长应确保孩子晚上按时入睡，并避免过多的电子产品使用，特别是在临近睡觉时。建立规律的作息时间有助于维持孩子的生物钟，确保他们每天在同一时间起床和睡觉，避免熬夜和过度疲劳。

（3）体育锻炼习惯

家长通过鼓励并参与体育锻炼，为孩子树立积极运动的榜样。定期的运动不仅有助于身体健康，还能增强免疫力、改善心理状态，帮助孩子释放压力、提高自信。鼓励孩子参与多种运动项目，不仅可以提高孩子的运动能力，还能让孩子感受到运动的乐趣，避免对单一运动兴趣疲乏。

（4）心理健康支持

家庭是孩子心理健康的第一个保障。家长在日常生活中应注重倾听孩子的想法和情感，给予他们足够的支持和鼓励。家庭的温暖和理解是孩子应对压力、处理情绪和培养积极心态的基础。

3. 情感支持和安全保障

家庭在促进儿童青少年健康方面的作用，不仅限于生理上的健康饮食、运动等方面，还涉及心理和情感的支持。情感支持和安全保障是儿童青少年健康成长的基础，家庭作为孩子的第一个社会化环境，对于他们的情感发展、心理健康和安全感的建立起着至关重要的作用。

情感支持是指家长为孩子提供的关爱、理解、鼓励和陪伴，能够有效促进孩子的自我认同、情感表达和心理韧性。情感支持对于儿童青少年的成长尤其重要，因为这一时期的孩子正处于情绪波动较大的阶段，容易受到外界压力和内心困惑的影响。以下是情感支持的几个关键作用。

（1）建立安全的依附关系

① 情感纽带。父母与孩子之间的情感纽带是孩子心理发展的核心。稳定的依附关系可以让孩子感到被爱、被接纳，这为孩子的情感健康提供了保障。尤其在幼儿时期，父母的爱与支持为孩子提供了情感上的安全感，帮助他们建立对世界的信任感。

② 心理支持。当孩子面临困难、挫折或焦虑时，家庭的情感支持能够帮助他们更好地调节情绪。家长的关心和理解能够让孩子感受到安全，愿意向父母倾诉心中的困惑和烦恼，从而减轻内心的压力。

（2）增强孩子的自信心

① 鼓励与表扬。家长的积极反馈、表扬和鼓励可以增强孩子的自信心，帮助他们面对挑战时更加坚定。无论是在学业、体育或艺术上，父母的支持都会让孩子感到自己的努力被看见和认可，从而增强自我价值感。

② 情感安全感。家庭的情感支持为孩子提供了一个心理避风港，让他们在面对外界压力时，能有一个稳定的情感基础来适应和应对。

4. 促进情感表达与情绪调节

（1）开放的沟通

家庭应当是一个开放、包容的情感表达空间。孩子在家庭中应当感到可以自由表达情感，既包括积极的情感，如快乐和兴奋，也包括消极的情感，如愤怒和悲伤。家长的倾听、理解和引导可以帮助孩子正确认识和调节情绪。

（2）情绪管理技能

家长通过示范和引导，教会孩子进行有效的情绪管理技巧。例如，帮助孩子学会识别情绪、接纳负面情感、通过沟通或放松技巧来平复情绪。良好的情绪管理有助于孩子心理健康的保持和社会适应能力的提升。

5. 帮助孩子应对压力和挑战

（1）积极的心理暗示

在面对学业、同伴关系或家庭变故等压力源时，家长的积极心理暗示和帮助可以让孩子更加乐观地面对困难。父母的支持能够增强孩子的应对能力，让他们在面对困境时能够保持冷静、积极思考解决办法。

（2）建立心理韧性

情感支持还能够帮助孩子培养心理韧性，学会如何从失败中恢复过来，面对挑战时不轻易放弃。家长通过关爱、陪伴和鼓励，帮助孩子形成强大的内心力量。

6. 安全保障的作用

家庭是儿童青少年的第一个保护屏障，家庭提供的安全保障涉及身体安全、心理安全和社会安全三个方面。孩子只有在家庭中感到安全时，才能够专注于成长和发展。以下是家庭安全保障的几个重要方面。

（1）身体安全

① 日常保护。家长需要确保孩子的日常生活中没有潜在的安全隐患，如确保居住环境的安全、交通安全、运动中得到安全防护等。此外，父母还需要教给孩子基本的自我保护技能，例如怎样防范意外伤害以及与陌生人接触保持警惕性等。

② 健康保障。确保孩子有充足的医疗保障和健康管理，包括定期体检、接种疫苗、良好的卫生习惯等。家长要关注孩子的身体健康状况，及时带孩子就医，确保他们的健康得到保障。

（2）心理安全

① 情绪稳定。家庭为孩子营造心理安全感，意味着父母能够给予孩子关心和陪伴，帮助孩子驱散情感上的孤单和无助。心理上的安全保障能够减少孩子在面对外界压力时的情绪波动，让他们能够保持健康的心理状态。

② 免受暴力和虐待。家庭还应当保护孩子免受任何形式的暴力、虐待或忽视。在一些不良的家庭环境中，父母的冲突、忽视或暴力行为会给孩子的心理和生理健康带来极大的伤害。一个充满爱与关怀的家庭环境能够帮助孩子避免这些负面影响，保障其心理健康。

（3）社会安全

① 建立积极的人际关系。家庭是孩子社会化的第一步。父母为孩子提供支持的同时，也要帮助他们建立积极的社交关系，教导他们如何与同龄人、老师以及社会其他成员互动。这不仅能促进孩子的社交技能发展，还能确保他们在社会中感到被接纳和尊重。

② 社会适应能力。家庭能够为孩子提供良好的价值观教育，帮助他们适应社会规范、规则与文化。父母的正确引导可以帮助孩子避免进入不良的社交圈子，避免遭遇欺凌或其他社会问题，确保孩子的社会安全。

7. 家庭情感支持和安全保障的实践方式

（1）建立亲密的亲子关系

家长应当通过日常的互动、陪伴和沟通建立与孩子的亲密关系。可以通过一起做家务、共度周末时光、开展亲子活动等方式，增加与孩子的情感联系。

① 倾听与理解。家长需要成为孩子的倾诉对象，关注孩子的情感和心理需求，给予足够的理解和支持。尤其在青少年阶段，孩子会面临更多的心理变化和挑战，家长的倾听和理

解是支持孩子的关键。

② 为孩子提供稳定的生活环境。确保家庭环境的稳定性，包括家庭成员关系和睦、家庭经济稳定等，这些都能给孩子足够的心理上的安全感。

③ 教导孩子自我保护意识。家长应该教会孩子如何保护自己，包括防范欺凌、遇到陌生人时如何反应等。此外，还应培养孩子的自尊心和自信心，帮助他们更好地应对外界的不良影响。

（二）健康教育

家庭在促进儿童青少年健康方面的作用至关重要，尤其是在健康教育方面，家庭是孩子接触健康知识的第一站。通过家庭中的健康教育，家长不仅可以帮助孩子建立科学的健康观念，还可以通过日常行为、沟通和榜样作用，引导孩子养成良好的健康习惯。这种健康教育为孩子的身心健康打下了坚实的基础，帮助他们养是成健康的生活方式。

1. 健康教育在家庭中的重要性

家庭是儿童青少年社会化的起点，是孩子健康成长的第一环境。家庭中的健康教育影响着孩子的饮食习惯、生活方式、情感管理等多个方面，直接关系到他们的身体和心理健康。以下是家庭在健康教育中的几个重要作用。

（1）健康教育的早期干预

孩子从小在家庭中接触到的健康知识、价值观和生活方式对他们一生的健康行为会产生深远影响。早期的健康教育能够有效预防一些健康问题，如肥胖、营养不良、心理问题等。

（2）塑造健康价值观

通过健康教育，家长可以帮助孩子树立科学的健康观念，使他们理解健康的重要性。孩子从小了解健康的定义、健康饮食的知识、运动的重要性等，会在未来的生活中更加注重这些方面。

（3）生活方式的传递

家长是孩子生活方式的榜样，通过实际行动，家长可以将健康的生活习惯传递给孩子。例如，健康饮食、规律作息、适量运动、心理调节等，都可以通过家长的日常生活方式潜移默化地影响孩子。

2. 家庭健康教育的实施方法

（1）通过榜样示范

家长是孩子的第一任老师，言传身教在健康教育中至关重要。家长通过自己的行为来影响孩子，如定时运动、选择健康饮食、保持积极心态等，这些行为会潜移默化地影响孩子，帮助他们形成健康的生活方式。

（2）亲子共同参与

家庭健康教育不是单方面的教育过程，而是一个互动过程。家长可以与孩子一起参与健康活动，如共同做饭、一起运动、一起做户外活动等，增进亲子关系的同时，也让孩子在实践中学习健康知识。

（3）定期沟通与反馈

健康教育的过程需要持续的关注和反馈。家长可以定期与孩子沟通他们的健康状况，了解孩子的需求和困惑，帮助他们调整生活习惯和饮食方式。同时，家长应鼓励孩子表达自己的想法，帮助他们解决问题。

（4）教育内容的丰富性和针对性

家庭健康教育应根据孩子的年龄、性别、兴趣和健康状况进行个性化调整。例如，学龄前儿童可以通过游戏、绘本等形式了解健康知识，而儿童青少年则需要通过更多实际的生活案例和情感支持来学习如何面对健康问题。

（三）疾病预防与识别

疾病预防与识别是保障儿童青少年健康成长的重要组成部分。家庭在这一过程中扮演着关键角色，通过教育孩子了解常见疾病的预防措施，以及如何识别早期症状，可以有效地减少疾病的发生和发展，促进孩子的身体和心理健康。

1. 疾病预防的重要性

疾病预防是指通过采取积极的健康行为和策略，减少疾病发生的风险。对于青少年儿童来说，预防疾病不仅能够避免他们受到疾病的侵害，还能帮助他们养成良好的健康习惯，为未来的健康生活打下坚实的基础。疾病预防的重点包括：

（1）加强免疫接种

免疫接种是预防许多传染性疾病的最有效手段，家长需要确保孩子按时接种疫苗，预防麻疹、风疹、百日咳、流感等常见传染病。

（2）健康饮食与生活方式

健康饮食是预防多种疾病（如肥胖、糖尿病、心血管疾病等）的基础，家长要教育孩子选择均衡饮食，少吃高糖、高脂肪、高盐的食物。规律作息、适度运动和心理调节也有助于疾病的预防。

（3）加强个人卫生

良好的个人卫生习惯可以减少感染疾病的机会。家长应教导孩子勤洗手、保持口腔卫生、避免共用个人物品等，特别是在流感季节或传染病高发期。

（4）安全防护

家长应注意孩子的安全问题，如交通安全、家庭环境安全、防止意外伤害等，教育孩子学会保护自己，避免发生事故。

2. 疾病识别的关键技能

识别疾病的早期症状是早期干预的关键，家长需要具备以下几种能力：

（1）观察孩子的日常变化

家长要注意孩子的身体和行为变化，特别是在他们感到不适或生病时。注意以下几点：

- 孩子的食欲变化。
- 孩子的体力或精神状态（如是否疲倦、情绪不稳定）。
- 孩子的皮肤、呼吸、睡眠等生理状况。
- 孩子是否抱怨身体部位的不适（如头痛、腹痛等）。

（2）了解常见症状的表现

家长需要了解常见疾病的症状和早期表现，这有助于快速识别潜在的健康问题。例如：

- 发热：可能是许多疾病的症状，包括感染、炎症等。
- 咳嗽和流感症状：可能提示呼吸道感染。
- 皮疹：可能是过敏反应或传染性疾病的早期征兆。
- 消化不良：可能是胃肠道疾病的表现。

（3）及时就医和寻求专业帮助

一旦家长发现孩子出现异常症状，特别是长时间不退的症状或持续加重的症状，应及时就医。早期诊断和治疗能够有效降低疾病对孩子的影响，避免病情恶化。

一、

学校在促进儿童青少年健康的作用

（一）教育

1. 健康教育

在学校中开展的健康教育是以传播健康观念、普及健康知识、教授健康促进方法、提升健康素养为核心内容的教育活动。目前新时代学校卫生与健康教育的教学内容包括日常锻炼、传染病预防、食品卫生安全、合理膳食、心理健康、性与生殖健康、安全避险与应急救护等内容。2022 年新课标指出，健康教育贯穿整个义务教育阶段，由体育与健康、道德与法制、生物学、科学等多门课程共同承担，趋向于多学科融合教学。

在当前儿童青少年近视、超重肥胖、脊柱侧弯、心理卫生等健康问题发生率逐渐升高的情况下，开展健康教育和预防性干预，培养儿童青少年的主动健康理念，掌握主动健康技能，将健康关口前移尤为关键。

2. 行为教育

除了有组织、有目的地进行运动和合理化膳食，日常生活中点点滴滴的行为习惯在日积月累中也会对青少年的身心发展产生巨大影响，因此，倡导在学校培养青少年的健康行为习惯。练习正确的咳嗽、打喷嚏、刷牙、用牙线清洁牙齿的方法，及时饮水、保持正确读写姿势与坐站姿势、背书包的方式，避免久坐等，都是学校可以鼓励青少年养成的好习惯。除了按照课程标准中的健康教育内容进行常规教学外，还可采用主题活动、健康宣传日、手抄报、板报等形式，鼓励学生自己搜集、归纳、总结资料，发挥学生的主观能动性，从而更好地掌握健康知识和方法。

同时，还要避免违背健康宗旨的奖励或惩罚措施，比如奖励学生糖果、膨化食品等垃圾食品，用课间罚坐、禁止学生出教室等作为惩罚手段等。

3. 环境教育

社会认知理论认为，一个人的行为是认知、行为和环境因素之间持续相互作用的结果，因此学校环境对于青少年身心发展而言也是不可忽视的重要环节。学校环境包括硬件设施设备、审美环境、心理氛围和文化氛围。学校的硬件设施设备如操场、体育馆、体育器材能够为学生直接提供运动的场所和工具；教室灯光照明、课桌椅会影响学生的视力和脊柱健康。审美环境如景观、建筑、色彩、室内清洁度和空气质量等会影响学生在校期间的舒适性和安全性，进而影响学生的身心健康。心理氛围和文化氛围是学校全体学生和教职工的集体态度、价值观和行为表现的综合体现，良好的文化氛围可以激发学生对学校的信赖感和归属感，提高学生的社交能力，促进学生心理和情感健康发育。研究发现，喜欢学校、在学校有安全感的学生情绪稳定、容易接受批评和表现自信的百分比高于不喜欢学校的学生，他们头痛、胃痛、背痛、失眠的发生率更低。

案例：在保护视力方面，咸宁市某学校将视力表等比例放大后贴在教学楼外墙，鼓励学生下课时远眺，定期自查视力。设置一些诸如此类的标志性的图案，将视力保护植入学生的日常细节中，取得了良好的效果（图 3-1）。

▲ 图 3-1　　咸宁市某学校视力表墙视力自查

在促进学生身体活动方面，重庆珊瑚鲁能小学充分运用有限条件，突破篮球场地限制，在围栏处安装一列篮球架，不同大小的篮筐和不同的投篮距离设置不同的得分分值，将教学与篮球结合起来（图 3-2），为学生创造运动环境。

▲ 图 3-2　　重庆珊瑚鲁能小学将数学与篮球结合起来

（二）体育活动

1. 体育课

体育课是在学校组织的有目的、有计划、结构化的体育教学活动，是学生在校期间接受体育教育的主要载体。通过合理的课堂教学安排，尽量减少学生低强度运动，甚至不运动的时间。

2. 体育赛事

2020 年，中共中央办公厅国务院办公厅印发《关于全面加强和改进新时代学校体育工作的意见》，提出学校体育要"教会、勤练、常赛"；国家体育总局及教育部印发的《深化体教融合促进青少年健康发展意见的通知》指出，要"开展丰富多彩的竞赛活动，扩大校内、校际体育比赛覆盖面和参与度"，这意味着开展学校体育赛事是体育工作的一个重要着力点。

体育赛事除了为学生提供运动技能的实战机会，将在体育课上学到的运动技能用于竞赛，有利于学生进一步掌握和灵活运用运动技能之外，还是校园体育文化的具象形式之一，具有丰富的内涵。第一，体育赛事强调体育精神，包括竞技精神、团队协作、公平竞争、奋勇争先、遵守规则等价值观；第二，体育赛事有助于学生释放长时间学习积累的压力，放松身心，增加和同学的交流互动；第三，体育赛事有助于培养学生的健康意识，学生通过亲身参与运动竞赛，能够体验到运动的乐趣，感受到运动对身体健康和学业表现的积极影响。建议构建多方协作的体育竞赛平台，鼓励教师、家长参与，形成师生互动、家校互动的良好运动氛围。

重庆市珊瑚鲁能小学以"班超"的形式开展校内足球竞赛。学校将每个班级的学生根据足球水平分为男女甲组、乙组和超级组共5个组别，不同班级相同水平的队伍采用循环积分的方式进行比赛，整个足球赛事贯穿学年始末。其中"乙级联赛"利用小课间时间，"甲级联赛"利用大课间时间，"超级组联赛"利用午间时间。利用碎片化时间，这些校园体育赛事实现了不同水平的孩子都有竞赛机会的目的。与此同时，低年级球队的教练员由高年级学生担任，不参加比赛的同学担任球队、赛事组织的经理人角色，让全校学生能全方位地接触足球文化。

3. 体育社团

体育社团是学生基于共同的运动兴趣爱好，在指导教师的支持和帮助下，自愿组成的团体。体育社团不同于课堂教学，具有学生自主选择、自主参与、自主评价的特点，其所特有的自主性质使得社团具有更多实践和拓展机会，更能有效激发学生的运动兴趣。在社团活动和参加校内外比赛过程中，学生作为集体的一分子能切身体会个体与团队的配合协作，充分激发学生参与社会生活的积极性、主动性和责任感，让学生在潜移默化中体会体育精神和价值，有助于培养学生热爱体育文化、建立终身体育意识。

为更好地发挥体育社团促进儿童青少年身心发展的作用，学校和社会可为体育社团自主组织小型单项活动和比赛等提供物质条件和专业指导，以恰当的激励机制发挥全员的主观能动性，注重全员参与，着力于社团成员的运动能力和专业理论的提升，培育正确的体育健康意识。

案例：天津市华辰学校以"面向全体和面向个体"为教育理念，开设了篮球、乒乓球、啦啦操、射箭、跆拳道等26个特色体育社团课程，利用课后托管时间进行校内训练，利用周末时间进行校外训练。为给社团活动提供更加多元化和专业的指导，除本校体育教师外，学校还聘请校外专项教练团队及社会体育爱心人士，指导学生平日训练。

4．家校社合作的整合作用

在家庭层面，父母应提升自身健康素养，从自身做起养成健康的生活方式，鼓励、支持儿童青少年参与运动锻炼，为其提供多样化的运动机会，注重儿童青少年的健康饮食，为儿童青少年营造舒适轻松的家庭氛围。

在学校层面，应严格落实课时标准，开足开齐体育课，同时在大课间以及课外活动等时间保障青少年在校内的运动时长。为加强家校合作，学校可通过布置体育家庭作业鼓励家长陪伴、监督儿童青少年参与运动；可定期发送健康主题的科普文章、为学生普及烹饪健康餐食的注意事项等；可通过家长学校等方式，对家长进行健康教育，强调科学运动与合理营养对儿童青少年健康成长的重要性，及其正确的方法等；可通过鼓励家长参与学校的健康教育宣传、膳食委员会等，强化家长的责任意识。学校应继续推进校园体育设施在非上课时间向社会开放的工作，支持学生放假期间返校锻炼，弥补社区场地设施不足的现状。

在社区层面，社区中的丰富资源如体育场馆、社区活动、实践基地等，应优先对儿童青少年开放，为儿童青少年提供丰富多样的活动和体验。学者发现，社区体育指导员、组织体育比赛、召开体育讲座是影响儿童青少年参与运动的主要变量。北京市天天家园社区组建的冰蹴球志愿服务队开展面向社区儿童青少年的冰蹴球体验活动；西安邮电大学爱心青年帮组织社区健身课、座谈会、体育知识竞赛、体育培训和赛事等形式，让儿童青少年对体育有了更加立体化的认识，得到了科学健身指导，激发儿童青少年对体育运动的兴趣；杭州康桥街道好社区运动健康中心秉承"未病先治"的理念，按照"测、评、练、管、康"五大服务流程，从年龄层面面向中青年、老年人及儿童青少年，向残疾人群体倾斜并关照女性群体，为他们开展运动促进健康项目，通过属地，提供免费场地建设后委托给第三方进行运营管理，大大降低了成本。另外，安全的社区环境、开放的公共体育设施也在一定程度上会促进儿童青少年参与运动。社区可定期设立主题活动日，如"健康教育日"邀请社区卫生部门的专业人员为儿童青少年和家长进行健康讲座，"家庭运动日"邀请体育部门的专业人员带领儿童青少年和家长一起运动等。同时，社区还可组织儿童青少年进入社区进行各种公益活动，使儿童青少年学有所用。

三、

社会在促进儿童青少年健康的作用

（一）制定健康政策

社会在促进儿童青少年健康方面发挥的作用极为重要，尤其是通过制定和实施健康政策，提供系统化的支持和保障。健康政策不仅能够为儿童青少年提供更好的医疗、教育和生活环境，还能通过公共卫生措施、社会保障和法律保护，推动整个社会关注和改善儿童青少年健康状况。健康政策是指导和规范公共卫生工作的法律和政策框架，对于儿童青少年的健康至关重要。良好的健康政策能够：

① 确保每个儿童青少年都能享有公平的医疗服务、营养支持、教育机会等。

② 促进健康行为和生活方式的普及：通过教育和引导，鼓励家庭、学校和社会各界采取健康的行为模式，减少不良健康习惯的流行。

③ 应对和解决健康不平等问题：政策的制定能够帮助减少贫困、教育程度低、医疗资源匮乏等因素导致的健康差距，保障所有儿童的平等健康权。

（二）健康教育宣传

健康教育宣传是提高公众健康意识、促进健康行为的重要手段，尤其对于儿童青少年的健康管理至关重要。通过有效的健康教育宣传，能够帮助孩子们理解健康的重要性，养成良好的生活习惯，预防疾病的发生。健康教育宣传不仅限于知识的传授，还包括行为的引导和生活方式的改变，是一个综合性的教育过程。健康教育宣传能够提高儿童青少年的健康素养，使他们能够理解如何保持身体健康，如何识别和避免健康风险。健康教育宣传能够提高儿童青少年的健康素养，使他们能够理解如何保持身体健康，如何识别和避免健康风险。健康教育宣传不仅影响儿童青少年个体，还可以影响家庭和社区成员的健康认知，从而形成更广泛的健康行为链条。

（三）提供医疗、法律保障

提供医疗和法律保障是确保儿童青少年健康的重要组成部分。医疗保障确保孩子能够在生病时获得及时和有效的医疗服务，而法律保障则通过制定和实施相关法律政策，保护儿童青少年的基本健康权利、生命安全和发展权。

国家和地方政府应提供基本的医疗保障服务，确保所有儿童都能享有免费的或低成本的基础医疗服务，如常规体检、疫苗接种、急诊治疗等。《健康儿童行动提升计划（2021—2025年）》提出坚持儿童优先，共建共享。遵循儿童优先发展理念，动员全社会力量，共同保障儿童健康，为经济社会可持续发展提供健康人力资源。突出强调坚持预防为主，防治结合。针对贫血、肥胖、视力不良、孤独症、听力障碍等严重危害儿童健康的风险因素，要求落实早筛查、早诊断、早治疗的防控策略，降低疾病负担，促进儿童健康。突出强调建立完善儿童健康服务体系。突出强调提供全方位、全过程、有温度的儿童医疗保健服务。

（四）营养、食品、环境安全

《国民营养计划（2017—2030年）重大行动》中提出学生营养改善行动。具体为：

① 指导学生营养就餐。鼓励地方因地制宜制定满足不同年龄段在校学生营养需求的食谱指南，引导学生科学营养就餐。制定并实施集体供餐单位营养操作规范。

② 学生超重肥胖干预。开展针对学生的"运动 + 营养"的体重管理和干预策略，对学生开展均衡膳食和营养宣教，增强学生体育锻炼。加强对校园及周边食物售卖的管理。加强对学生超重肥胖情况的监测与评价，分析家庭、学校和社会等影响因素，提出有针对性的综合干预措施。

③ 开展学生营养健康教育。推动中小学加强营养健康教育。结合不同年龄段学生的特点，开展形式多样的课内外营养健康教育活动。

（五）体育设施建设

体育设施建设对于儿童青少年的健康发展至关重要。良好的体育设施不仅能够激发孩子们对运动的兴趣，培养健康的运动习惯，还能为他们提供安全、专业的运动环境，提升体能和团队协作能力。

"十四五"体育发展规划提出，全民健身水平应达到新高度，具体指标为人均体育场地面积达到 2.6 平方米，经常参加体育锻炼人数比例达到 38.5%，每千人拥有社会体育指导员 2.16 名。同时提出青少年体育发展进入新阶段，具体内容为：健康第一的理念深入人心，体教融合取得实质性进展，青少年普遍掌握 1~2 项运动技能，体育活动更加广泛深入，体育促进青少年身心健康取得新进展。基本建成适应需要、主体多元的体育后备人才培养体系，后备人才基础更加坚实、素质全面提升。

四、

儿童青少年各项问题的应对策略推荐

（一）缺乏运动与运动不足的应对策略

1. 家庭教育与示范

家长应通过榜样作用和与孩子一起运动，激发孩子对运动的兴趣。定期安排家庭活动，如户外散步、骑行、跑步、踢足球等。

2. 优化体育课内容

学校可以优化体育课内容，设计更多趣味性和互动性的体育项目，鼓励学生积极参与。例如，开展团体竞技运动、兴趣小组、亲子活动等，增加孩子们参与运动的乐趣。

3. 社区和公共设施的改善

政府和社区可以增加运动设施，如修建安全的儿童游乐场、健身器材、跑道等，鼓励儿童青少年在安全环境中进行日常锻炼。

4. 减少屏幕时间

家长和学校应合理规划儿童青少年的屏幕时间，鼓励他们进行体育活动，培养良好的运动习惯。可以规定每天的运动时间，避免他们久坐和沉迷电子产品。

（二）不合理的饮食习惯的应对策略

1. 营养教育

通过学校教育和家庭教育，帮助儿童青少年了解营养的基本知识，培养健康的饮食习惯。例如，学校可以开设营养课程，向学生普及均衡饮食的重要性，教会他们如何选择健康食品。

2. 家庭饮食管理

家长应合理规划家庭饮食，避免购买过多高糖、高脂肪的零食和饮料。提倡自制健康食品，如水果、坚果、全谷类食物等，增加儿童青少年的营养摄入。

3. 倡导多样化饮食

鼓励儿童青少年摄入丰富的蔬菜、水果、全谷物和蛋白质食物，避免偏食，确保饮食的多样性和营养均衡。

4. 调整餐饮时间

家长应为孩子制定规律的饮食时间，避免夜间吃零食或暴饮暴食，促进孩子的正常消化和营养吸收。

（三）运动损伤与运动兴趣缺乏的应对策略

1. 科学运动与适量训练

儿童青少年应根据自己的身体条件选择适当的运动项目和强度，避免过度运动造成损伤。家长和教练应鼓励循序渐进地增加运动量，避免突然的高强度训练。

2. 正确的运动技术与方法

为避免运动损伤，儿童青少年应学习正确的运动技巧，学校和体育俱乐部可以聘请专业教练进行指导，提高运动技能。

3. 增加兴趣性和多样性

通过提供多样化的体育活动（如游泳、羽毛球、篮球、健身操等），让孩子发现自己喜欢的运动，激发他们的长期兴趣。

（四）情感和社会因素问题的应对策略

1. 原因

（1）家庭环境问题

家庭环境对孩子的饮食习惯和运动行为有重要影响。家庭经济困难或家长教育方式不当，可能导致儿童青少年养成不健康的饮食和运动习惯。

（2）同伴压力

一些孩子可能受到同龄人影响，进行过度的身体比较和竞争，导致他们的饮食和运动行为不理性或不健康。

（3）心理问题

儿童青少年时期是情绪波动较大的阶段，焦虑、抑郁等心理问题可能影响儿童青少年的运动兴趣和饮食选择，甚至可能导致饮食紊乱等问题。

2. 应对策略

（1）家庭支持与心理疏导

家长应关注孩子的情感需求，提供关爱和支持，尤其是在面临压力和挫折时，及时给予帮助。对于一些心理问题较为突出的孩子，家长应鼓励他们寻求专业心理咨询，解决负面情绪对运动和饮食的影响。

（2）建立正向同伴关系

鼓励孩子和同伴一起运动，营造积极的竞争与合作环境，避免不健康的身体比较与压力。

（3）社会支持与社区活动

社区可以组织体育活动和健身赛事，鼓励儿童青少年参加。通过同伴和社会支持，孩子们可以更容易坚持运动和保持健康的饮食。

参考文献

王健，曲鲁平，谭思洁，2017. 我国青少年体质健康促进模式的理论探讨——基于学校 – 家庭 – 社区共建模式 [C]. // 天津市社会科学界联合会. 发挥社会科学作用 促进天津改革发展——天津市社会科学界第十二届学术年会优秀论文集（下）. 天津出版传媒集团：279–285.

周华珍，吴梦婷，2011. 我国青少年健康幸福感影响因素研究 [J]. 中国青年政治学院学报，3：13–19.

Myende P E，2019. Creating functional and sustainable school–community partnerships：Lessons from three South African cases[J]. Educational Management Administration & Leadership，47(6)：1001–1019.

图书在版编目（CIP）数据

营养加运动 身心更健康/中国学生营养与健康促进会编著. -- 北京：中国农业出版社，2025.5.

ISBN 978-7-109-33234-8

Ⅰ. G806；R153.2

中国国家版本馆CIP数据核字第20253FP915号

营养加运动 身心更健康

YINGYANG JIA YUNDONG　SHENXIN GENG JIANKANG

中国农业出版社出版

地址：北京市朝阳区麦子店街18号楼

邮编：100125

责任编辑：黄　曦

版式设计：书雅文化　　责任校对：吴丽婷

印刷：北京通州皇家印刷厂

版次：2025年5月第1版

印次：2025年5月北京第1次印刷

发行：新华书店北京发行所

开本：787mm×1092mm　1/16

印张：6.5

字数：136千字

定价：68.00元
